CÓMO DEJAR DE SER EL CHICO BUENO QUE NADIE RESPETA

Los Pasos para Transformar tu Identidad y Obtener más Respeto, Admiración y Atención de los Demás

FERRIS ROMERO

© Copyright 2021 – Ferris Romero - Todos los derechos reservados.

Este documento está orientado a proporcionar información exacta y confiable con respecto al tema tratado. La publicación se vende con la idea de que el editor no tiene la obligación de prestar servicios oficialmente autorizados o de otro modo calificados. Si es necesario un consejo legal o profesional, se debe consultar con un individuo practicado en la profesión.

- Tomado de una Declaración de Principios que fue aceptada y aprobada por unanimidad por un Comité del Colegio de Abogados de Estados Unidos y un Comité de Editores y Asociaciones.

De ninguna manera es legal reproducir, duplicar o transmitir cualquier parte de este documento en forma electrónica o impresa.

La grabación de esta publicación está estrictamente prohibida y no se permite el almacenamiento de este documento a menos que cuente con el permiso por escrito del editor. Todos los derechos reservados.

La información provista en este documento es considerada veraz y coherente, en el sentido de que cualquier responsabilidad, en términos de falta de atención o de otro tipo, por el uso o abuso de cualquier política, proceso o dirección contenida en el mismo, es responsabilidad absoluta y exclusiva del lector receptor. Bajo ninguna circunstancia se responsabilizará legalmente al editor por cualquier reparación, daño o pérdida monetaria como consecuencia de la información contenida en este documento, ya sea directa o indirectamente.

Los autores respectivos poseen todos los derechos de autor que no pertenecen al editor.

La información contenida en este documento se ofrece únicamente con fines informativos, y es universal como tal. La presentación de la información se realiza sin contrato y sin ningún tipo de garantía endosada.

El uso de marcas comerciales en este documento carece de consentimiento, y la publicación de la marca comercial no tiene ni el permiso ni el respaldo del propietario de la misma.

Todas las marcas comerciales dentro de este libro se usan solo para fines de aclaración y pertenecen a sus propietarios, quienes no están relacionados con este documento.

Índice

Introducción vii

1. ¿Qué es la autoestima? 1
2. Los componentes para desarrollar la autoestima 11
3. Hábitos y cómo usarlos para el bien 29
4. Introducción a los estilos de comunicación 41
5. ¿Por qué nos comportamos como lo hacemos? 53
6. Cambiando sus creencias internas 77
7. Herramientas para desarrollar la asertividad 87
8. Comprensión de la confianza 93
9. Comprensión de su nivel actual de confianza 103
10. ¿Cómo empezar a tener confianza? 115
11. Conciencia de sí mismo: conozca sus valores fundamentales 125
12. Establecimiento de metas: Tu misión y propósito 133
13. Consejos y trucos para generar confianza - Parte I 141
14. Consejos y trucos para generar confianza - Parte II 153

Conclusión 163

Introducción

Actualmente, los hombres tienen algunos problemas para entender y asimilar la importancia de la autoestima para su desarrollo integral. Muchas veces, la falta de información, la comodidad o la zona de confort en su aspecto laboral, o simplemente encontramos la falta de voluntad para evitar que la gente pase por encima de nosotros mismos. Es por ello, que entraremos de lleno con la información necesaria, algunas guías y muchos consejos y técnicas que permitan mejorar tu desempeño emocional en todos los ámbitos de su vida.

Teniendo esto en mente, debemos comprender uno de los conceptos clave, que es la autoestima. La autoestima es una autovaloración, es decir, se trata de un conjunto de percepciones, pensamientos y sentimientos sobre nosotros mismos que determinará nuestra manera de comportarnos y relacionarnos con los demás. En el post de hoy os contamos la importancia de la autoestima.

Tenemos varios tipos de auto conceptos que afectarán a diferentes áreas de nuestra vida. Estos no tienen porqué coincidir, es decir, una persona puede tener buena autoestima en una de ellas y en las demás no.

- Autoconcepto personal: creencias sobre uno mismo: la manera de evaluar nuestros comportamientos, la relación con nuestro cuerpo…
- Autoconcepto social: creencias sobre lo que creemos que piensan los demás de uno mismo. Condicionarán nuestra habilidad para solucionar conflictos, la manera de relacionarse con los demás y la asertividad.
- Autoconcepto familiar: creencias y sentimientos sobre mi papel como hijo, pareja, padre, etc.
- Autoconcepto intelectual / profesional: percepción sobre nuestras aptitudes y/o capacidades.

La razón por la que uno evita asumir responsabilidades reside en una baja autoestima.

1

¿Qué es la autoestima?

La autoestima refleja el sentido de autoestima o respeto por sí mismo de una persona. ¿Te consideras un hombre digno? es la pregunta que debe responder para obtener una comprensión básica de su nivel actual de autoestima. Es un rasgo que refleja tu propia opinión sobre ti mismo. Otra de las creencias que tienen un efecto directo en el nivel de autoestima incluyen:

- ¿Cree que el trabajo que realiza se alinea con sus capacidades y calificaciones?
- ¿Crees que otras personas te respetan a ti y a tu profesión?
- ¿Crees que tu salario y la remuneración coinciden con el trabajo que realiza? ¿Crees que tu familia y amigos te estiman por lo que eres?
- ¿Crees que tus hijos están orgullosos de tenerte como padre? ¿Crees que eres guapo?
- ¿Crees que tienes un gran nivel de habilidades sociales?

- ¿Cree que tiene una buena reputación en su comunidad y círculo social?

Los psicólogos se refieren al rasgo de personalidad de la autoestima que describe un sentido general de valor personal. Por lo tanto, la autoestima se puede definir como una medida de cómo valora y estima su valor. A diferencia de otros rasgos de personalidad, como la confianza, que pueden diferir según la situación y las circunstancias, la autoestima tiende a perdurar para una persona en todos los aspectos de su vida. Entonces, si tiene un bajo nivel de autoestima en su vida personal, probablemente también tenga niveles similares en su vida profesional.

¿Es la autoestima un rasgo inherente?

Por lo general, la autoestima es un rasgo adquirido que las personas pueden aprender y dominar si se lo proponen. Sin embargo, los factores genéticos podrían desempeñar un papel pequeño en la aptitud de una persona para la autoestima. Entonces, si alguien tiene una tendencia inherente a estar orgulloso de sí mismo, entonces a esta persona le resultará más fácil construir y desarrollar su autoestima que alguien que está genéticamente predispuesto a no estar seguro de sí mismo.

Sin embargo, es una verdad irrefutable que la biología no necesita definir su destino. Tienes control sobre cómo quieres ser y qué deseos quieres lograr. Con un poco de paciencia, trabajo duro y compromiso, es posible construir y desarrollar su autoestima a niveles altos. En consecuencia, su capacidad para triunfar en la vida también aumentará algunas muescas.

Por lo tanto, si usted es víctima de una baja autoestima, no debe preocuparse. Hay muchas formas en las que puede elevar su autoestima para alinearse con su verdadero valor.

Pérdida de la autoestima

Si la autoestima no es un rasgo inherente, entonces significa que se construye en nuestras mentes a través de nuestras interacciones con el mundo exterior. Entonces, ¿cuáles son los factores que merman nuestra autoestima? Muchos de los factores que afectan nuestra autoestima suelen comenzar en nuestra niñez. Éstos son algunos de ellos:

Padres y maestros que desaprueban constantemente: Si los ancianos siempre te encontraron fallas y se enfocaron en lo que no hiciste bien, tu autoestima seguramente se verá afectada negativamente.

Padres no involucrados: El sentimiento de negligencia que enfrenta si sus padres estuvieran demasiado ocupados con sus vidas y no tuvieran el tiempo y la energía para nutrirte es una de las principales razones de la baja autoestima.

Conflicto entre padres: si sus padres siempre estaban discutiendo y peleando entre sí, su confusión acerca de qué lado tomar seguramente conducirá a una baja autoestima.

Importancia de la autoestima

¿Por qué la autoestima es importante para todos? El valor y la importancia de la autoestima no se puede socavar. Aquí hay algunas razones excelentes por las que debe comenzar a trabajar en su autoestima de inmediato:

La autoestima es una de las principales diferencias entre el éxito y el fracaso, tanto en su vida personal como profesional.

La autoestima impulsa su perspectiva de la vida: la alta autoestima le da una perspectiva positiva y la baja autoestima da como resultado una perspectiva negativa.

La autoestima impacta directamente en su autoconfianza y asertividad; cuando esté seguro de su valía, su confianza en sí mismo y su asertividad brillarán.

La autoestima es algo que se refleja en su perfil físico, un hombre con baja autoestima mantendrá la cabeza en alto, y un hombre con baja autoestima tendrá la cabeza colgando de vergüenza o culpa o ambas cosas.

La autoestima es el punto de partida para construir respeto y dignidad en su mundo. La autoestima impacta directamente en su felicidad.

. . .

Signos de una autoestima sana:

- La capacidad de decir no con firmeza
- Confianza
- Una mirada positiva a la vida
- Capacidad para identificar y aceptar tanto sus fortalezas como sus debilidades
- Capacidad para articular las necesidades de forma clara y
- Capacidad para aceptar críticas fuertes de manera positiva

Signos de baja autoestima:

- Falta de confianza
- Una perspectiva negativa de la vida
- Incapacidad para articular necesidades y deseos
- Sentimientos de ansiedad, vergüenza, depresión, etc.
- Incapacidad para aceptar críticas en la forma correcta
- Una fuerte creencia de ser inútil y sin valor
- Miedo al fracaso

Prueba para descubrir tu nivel actual de autoestima

. . .

Responda estas preguntas con sinceridad. lo que le ayudará a evaluar su nivel actual de autoestima. Una vez que sepa qué áreas deben abordarse. puedes trabajar para mejorarlos:

P1. Es muy fácil para mí sentirme herido

1. La mayor parte del tiempo
2. A veces
3. Casi nunca

P2. Incluso si sé y creo que alguien me está criticando constructivamente, me enfadó o me lastima emocionalmente.

1. La mayor parte del tiempo
2. A veces
3. Casi nunca

P3. Me enojo conmigo mismo incluso si cometo un error comprensible y aceptable.

1. La mayor parte del tiempo
2. A veces
3. Casi nunca

P4. Pregunto a otras personas sobre las decisiones que debo tomar en lugar de tomar mis propias decisiones
1. La mayoría de las veces
2. A veces
3. Casi nunca

P5. Siempre acepto la decisión de mi equipo incluso si no estoy de acuerdo con ellos

1. La mayor parte del tiempo
    2. A veces
    3. Casi nunca

P6. Me siento incómodo al recibir elogios y cumplidos.

1. La mayor parte del tiempo
    2. A veces
    3. Casi nunca

P7. No me siento lo suficientemente bien a menudo, y siento que realmente no estoy a la altura de mis compañeros.

1. La mayor parte del tiempo
    2. A veces
    3. Casi nunca

P8. Me involucro en un diálogo interno negativo, a menudo me digo cosas como "No merezco ese ascenso en la oficina" o "Nunca podré completar el informe a tiempo".

1. La mayor parte del tiempo

2. A veces
3. Casi nunca

P9. Cuando me veo en el espejo, me digo: "¡Qué feo soy!".

1. La mayor parte del tiempo
2. A veces
3. Casi nunca

P10. Me encuentro pidiendo perdón con frecuencia, incluso si el error no es mío.

1. La mayor parte del tiempo
2. A veces
3. Casi nunca

Analizando su cuestionario de autodescubrimiento

– Si la mayoría de las respuestas a las preguntas anteriores son casi nunca, entonces su nivel de autoestima es saludable. Todos se sienten inseguros y enojados en algún momento de su vida, especialmente si no les gusta lo que ven, siempre y cuando estas experiencias negativas no sucedan muy a menudo, tu autoestima es bastante saludable.

Si la mayoría de sus respuestas fueran a veces, entonces podría correr el riesgo de entrar en niveles bajos de autoestima, aunque es posible que realmente no sufra problemas psicológicos como la depresión. Sin embargo, tiende a tener una visión pesimista de sí mismo y de la vida en general, lo cual no es una buena señal. Podría ser conveniente abrocharse el cinturón y aumentar su autoestima. Incluso podría ser una buena idea buscar ayuda profesional.

Si la mayoría de sus respuestas casi nunca fueron, entonces este es un motivo real de preocupación, y tiene sentido acercarse a un profesional y buscar ayuda inmediatamente antes de que las cosas alcancen niveles irreversibles.

2

Los componentes para desarrollar la autoestima

Los hombres necesitan una buena dosis de autoestima para alcanzar su máximo potencial en su vida personal y profesional. Una autoestima saludable lo ayudará a desempeñarse muy bien en su profesión, a ganar elogios bien merecidos y a obtener ascensos y, en consecuencia, mucho más dinero.

También en casa, una buena dosis de autoestima hará que tus seres queridos se sientan orgullosos de ti. Te amarán y adorarán por lo que eres sin sentirse mal por tus defectos porque has elegido aceptar tus debilidades con humildad y un enfoque para mejorarte a ti mismo.

Los seis componentes que componen este rasgo crítico de la personalidad fueron presentados por un reconocido escritor sobre la autoestima, los cuales se unen para darle forma y estructura a este concepto. Los seis componentes de la autoestima incluyen:
1. Vida consciente

2. Auto-aceptación
3. Responsabilidad propia
4. Autoafirmación
5. Viviendo con propósito
6. Integridad personal

Conocer y comprender cada uno de los seis componentes lo ayudará a desarrollar su autoestima de manera saludable.

La práctica de vivir conscientemente

La mayoría de nosotros vamos a la deriva por el camino de nuestra vida, simplemente aceptamos lo que se nos presenta y luego encontramos razones para el resentimiento y la infelicidad. Por ejemplo, te levantas cada mañana. cepillar, lavar, vestir, desayunar y viajar al trabajo ¿Está consciente de las sensaciones y sentimientos asociados con estas actividades de rutina? ¿Recuerdas la experiencia de cepillarte los dientes o tomar un baño? ¿Recuerda el sabor, la textura y el color del plato que comió durante el desayuno? ¿Recuerda haber abrazado a su esposa e hijos con felicidad y alegría?

La mayoría de nosotros ni siquiera consideramos importantes estas actividades de rutina, y mucho menos tratamos de realizarlas conscientemente. Vivir conscientemente significa estar en el momento en todo momento. Vivir conscientemente significa que estás inmerso y comprometido con tu vida, conociendo y sintiendo tus deseos y propósitos. Vivir conscientemente significa enfocar todas sus energías de manera deliberada y resuelta hacia la consecución de sus sueños y deseos. Aquí tienes algunos consejos para vivir conscientemente.

Acepta tu verdadero yo: con verrugas y todo - No trates de mentir sobre el tipo de persona que eres. Si eres bueno dirigiendo personas, acepta esta cualidad con orgullo, no con arrogancia. Si tiene problemas para controlar sus finanzas, acepte esta cualidad con humildad y sin rencor.

Sea consciente de cómo gasta su tiempo y energía - Concéntrese en sus pensamientos y en dónde va su atención. Cuando está trabajando en un informe en su oficina, ¿está toda su atención en esa tarea o su mente vaga por la fiesta de la oficina que tuvo lugar la semana pasada incluso cuando su mano se mueve mecánicamente sobre el teclado escribiendo el informe importante?

Cuando estás en una reunión de proyecto.

¿Es toda su atención en la reunión o ha vagado la mente hacia la boleta de calificaciones de la escuela de su hijo? Cuando esté realizando una tarea, sea consciente de si esa tarea está contribuyendo a su éxito o si es algo que es bastante irrelevante para ella. Este enfoque guiado a cada elemento de nuestra vida asegura el no desperdiciar estos dos recursos preciosos y agotadores: tiempo y energía.

. . .

Desarrollar la autoconciencia - ¿Cuáles son las prioridades en tu vida? ¿Es su carrera, su familia, salud, amor por los viajes y la aventura, ganar dinero o cualquier otra cosa?

Esta mayor conciencia de sí mismo le ayudará a comprender si sus actividades y su estilo de vida están alineados con los propósitos de su vida o no.

La práctica de la autoaceptación

La autoaceptación significa aceptarse a sí mismo tal como es sin juzgar. Por ejemplo, es excelente en la gestión de personas y todos los miembros de su familia y oficina acuden a usted para resolver conflictos. Sin embargo, se queda corto cuando se trata de habilidades informáticas.

Simplemente acepta estas dos cualidades sin que te gusten ni te disgusten.

La autoaceptación es un rasgo que le permite ser quien es sin la necesidad de aprobación externa. Cuando se acepta a sí mismo, simplemente se está sintiendo bien con quien es en ese momento. No significa que no esté dispuesto a cambiar y trabajar en sus debilidades.

Aceptarte a ti mismo, con verrugas y todo, solo significa que estás en un punto en particular en este momento, y estás bien con eso y no te arrepientes de estar allí. Sin embargo, la autoaceptación no significa que vaya a permanecer allí. De hecho, la autoaceptación es el primer paso para realizar cambios positivos para la superación personal. A continuación, se ofrecen algunos consejos que le ayudarán a lograr la autoaceptación:

Haga una lista con sus aspectos negativos y déjelos: Este enfoque le ayudará a ver sus debilidades sin juzgarlas, incluso cuando las deje de lado. Perdónese y muestre compasión a sí mismo mientras deja ir las actitudes de juicio sobre sus debilidades.

Reconoce tus sentimientos: Por ejemplo, si su jefe le dijo algo hiriente. luego acepta la sensación de estar herido. No tienes que reaccionar al sentimiento. Pero tampoco debes reprimir la emoción. No pienses en quién tiene razón o quién está equivocado. Simplemente acepta el dolor de la emoción.

No tengas miedo al fracaso: haz del fracaso tu aliado, porque nada es mejor maestro que el fracaso. Las fallas contribuyen significativamente a nuestra baja autoestima. Si acepta el fracaso como una oportunidad en lugar de un acto de vergüenza, entonces su autoestima no se verá perjudicada.

La práctica de la responsabilidad por uno mismo

Has aprendido a vivir conscientemente y a aceptarte tal como eres. Ahora es el momento de asumir la responsabilidad de realizar cambios positivos para usted. La responsabilidad personal es un atributo que se otorga a las personas que no se ven a sí mismas como víctimas de circunstancias externas. En cambio, aprenden a asumir la responsabilidad y actuar de una manera que produzca cambios positivos en sus vidas.

Por ejemplo, si tiene pocas habilidades informáticas. no se puede culpar al mundo de la informática por eso, ¿verdad?

O, en realidad, no puedes jugar la carta de víctima y decir que nadie te está enseñando. Eso es una señal segura de baja autoestima. Depende de usted inscribirse en una clase de computación o encontrar un curso en línea que pueda realizar a su conveniencia o encontrar cualquier otro recurso para desarrollar sus habilidades.

Cuanto más aprenda por su cuenta, mejor obtendrá esa habilidad. Las personas que se niegan a ayudarlo en realidad le están haciendo un favor al aumentar su autosuficiencia. Al enfrentarse a una situación en la que tiene que aprender una habilidad para sobrevivir, se verá impulsado a aprenderla de la manera más efectiva posible, asegurándose de estar en la cima del juego.

La responsabilidad propia también incluye asumir la responsabilidad de tu felicidad. Si dices que la cena que preparó nuestra esposa fue mala y eso te hizo infeliz, entonces eso es jugar la carta de víctima. Una solución alternativa sería quizás pedir la cena o, mejor aún, cocinar usted mismo. Es muy probable que su esposa aprenda de usted y mejorará sus habilidades culinarias.

. . .

La responsabilidad de uno mismo comienza con la conciencia de que puede tomar el control de su vida.

No debería haber nadie más que usted que esté en el asiento del conductor de su vida. También incluye la conciencia de los elementos de tu vida sobre los que no tienes control.

Por ejemplo, ya llega tarde al trabajo y el autobús también llega tarde. El control para llegar a tiempo al trabajo está en tus manos. Sin embargo, el control de hacer que el autobús llegue a tiempo realmente no está en sus manos. En tal escenario, debe incluir el factor de la llegada tardía del autobús como parte de su control al salir temprano de casa para tomar un viaje más temprano.

A medida que aprenda a vivir conscientemente, sea cada vez más consciente de los elementos que están bajo su control y de los que no están bajo su control. Algunos consejos para asumir su responsabilidad son:

- Acepte que es responsable de sus pensamientos, palabras, sentimientos, respuestas y de todo aquello en lo que están involucrados su cuerpo y su mente. Sus pensamientos provienen de su mente, las palabras de su boca, los sentimientos de su corazón y su mente, etc. Nadie puede obligarlo a hacer, pensar o decir algo a menos que elija pensar o decir.
- Deje de culpar y quejarse de todos los que le rodean, incluido usted mismo. Culpar es el arma

suprema de una víctima. También le quita el poder de cambiar la situación para mejor.
- Evite tomar los problemas personalmente. El mundo no gira a tu alrededor. Esta actitud te ayudará a tomar los desacuerdos con calma sin sentirte como si estuvieras siendo atacado personalmente.

La práctica de la autoafirmación

La práctica de la autoafirmación se produce cuando vives tu vida de acuerdo con tus valores y principios, al honrar tus necesidades y deseos para lograr tus metas personales y propósitos de vida. Entonces, comienzas tu viaje de desarrollar la autoestima aprendiendo primero a vivir conscientemente, luego aceptándote a ti mismo como quien eres, seguido de asumir la responsabilidad de lo que está sucediendo en tu vida y tu felicidad. El siguiente componente de la autoestima es la identificación. honrar y afirmar sus necesidades y deseos.

La autoafirmación también se conoce como autenticidad, lo que significa que estás proyectando tu verdadero yo interior al mundo exterior. Además, la autoafirmación incluye su capacidad para articular sus necesidades y deseos al mundo cuando surge la necesidad.

Por ejemplo, si la honestidad es un valor crucial en su vida, entonces hablar, comportarse y defender la honestidad debe ser su enfoque principal incluso frente a la creciente impopularidad de sus acciones. El miedo a la aversión no debería alejarlo de los valores y principios de su vida.

Por lo tanto, vivir con autoafirmación es, quizás, uno de los componentes de autoestima más difíciles de lograr. Vivir conscientemente te hará darte cuenta de que es mucho más fácil ceder a las demandas populares (en contra de tus valores y principios) que ser auto-asertivo.

Por ejemplo, se acerca un gran ascenso y no quiere disgustar a su jefe. Te llama repetidamente a trabajar los fines de semana. Prometió llevar a sus hijos a un picnic familiar un fin de semana después de informarle a su jefe que no iría al trabajo. Él está de acuerdo, pero nuevamente el viernes exige que vengas a trabajar al día siguiente.

¿Cumple su promesa a sus hijos o rompe la promesa de complacer a su jefe y aumentar sus posibilidades de obtener ese codiciado ascenso? Estos dilemas seguirán levantando sus horribles cabezas en tu vida y desafiaron tu autoafirmación. Tu capacidad para resistir los desafíos y salir ileso es lo que definirá tu nivel de autoestima.

La práctica de vivir con un propósito

Cuando tienes un propósito en la vida, no solo existes. Una razón definitiva detrás del por qué de su vida lo impulsa a usar su pasión y talentos para prosperar en una vida feliz y significativa.

Un propósito en tu vida te da determinación y concentración para permanecer en el camino de tu meta. Esta marcha hacia un objetivo establecido contribuye enormemente a la autoestima. A medida que avance en su viaje y mida el progreso y vea qué tan cerca se está acercando a su objetivo, aumentará su autoestima.

Si eres un hombre que está luchando por encontrar un propósito en la vida, no te preocupes. Eres uno entre millones de hombres que atraviesan una situación similar. Que te hayas dado cuenta del hecho de que te falta un propósito es el primer paso para encontrar tu propósito. Cuanto antes trabaje en el propósito de su vida, más fácil será para usted encontrar una dirección en la vida.

Cada uno de nosotros tiene diferentes propósitos y usted no debe verse obligado a seguir el camino de nadie más que el suyo. Tampoco hay propósitos correctos e incorrectos en la vida.

Las personas toman diferentes caminos hacia la felicidad y la realización personal. El hecho de que no estén en su camino no significa que se hayan perdido la brújula, simplemente todos tomamos decisiones propias y forjamos nuestro propio camino.

Por lo tanto, es imperativo que encuentre su propósito para ti mismo. Si bien puede seguir los consejos y sugerencias de los simpatizantes, la decisión final debe ser suya y solo suya.

. . .

Asume la responsabilidad de tu propósito de vida. Aquí hay algunos consejos para encontrar el propósito de su vida:

Identifique sus fortalezas - Haga una lista de cosas en las que eres razonablemente bueno y una lista de cosas en las que eres excepcional. De hecho, podría ser tan bueno en algunas cosas que se pregunte por qué a otros les resulta difícil hacerlas. Podría ser cualquier cosa, incluida una asombrosa capacidad para leer a las personas, simplemente echar un vistazo a los balances y encontrar errores, una habilidad para ser extremadamente detallado, un gran comunicador o cualquier otra cosa.

Identifica tu pasión - ¿Qué te importa profundamente en realidad? No hay pasión en vivir pequeño, en elegir una vida que sea menos de lo que eres capaz de hacer.

No tienes que tener un fuego en tu estómago para encontrar tu pasión o vivir una vida significativa con propósito. No tienes que estar impulsado por un profundo deseo de comenzar un orfanato o hogar de ancianos Por supuesto, si tienes este deseo, adelante y hazlo.

Sin embargo, en un nivel práctico, identifique qué desencadena sus emociones, que lo ilumina y qué le da una sensación de paz. Si aún tiene problemas para encontrar su pasión, simplemente comience a escribir quién y qué le importa. ¿Qué está más cerca de tu corazón? Y seguir adelante desde allí.

. . .

Descubra dónde y en qué agrega más valor - identificar lo que mejor sirve es el paso final para encontrar su propósito. Hágase estas preguntas:

- ¿En qué tipo de problemas eres genial para brindar una solución?
- ¿Qué tipo de necesidades de otras personas pueden comprender fácilmente?
- ¿Quiénes son las personas con quienes eres mejor para servir?
- ¿Qué tipo de luchas puedes ayudar a facilitar a otras personas?
- ¿Dónde está el lugar en el cual puede continuamente añadir valor?

Las ideas que se encuentran en la unión de los tres puntos anteriores le darán una dirección a su propósito de vida.

La práctica de la integridad personal

Ahora que se cubren cinco de los seis componentes de la autoestima, está bien encaminado para desarrollar niveles saludables de autoestima. El factor final y, quizás, el mayor contribuyente a la autoestima es la integridad personal. La integridad personal refleja su capacidad para llevar una vida alineada con sus valores y principios. Vivir según sus valores aumenta su confianza en sí mismo de que está lo suficientemente equipado para llevar su vida en sus términos y utilizando sus habilidades y fortalezas.

. . .

Tome este ejemplo de tener que enfrentarse a su jefe y hacerse valer para poder cumplir su promesa de llevar a sus hijos a un picnic de fin de semana. Ahora, su integridad personal entrará en juego aquí. Por ejemplo, si el propósito de su vida es su carrera y su integridad personal lo impulsa, entonces elige volverse impopular con sus hijos y ceder a las demandas de su jefe.

Alternativamente, si el propósito y el valor de su vida son impulsados por la familia y los seres queridos, entonces, al mostrar su integridad personal, elige provocar la ira de su jefe al defender su posición y decir que no irá a la oficina ese fin de semana en particular y, tal vez, reduzca sus posibilidades de promoción.

Entonces, no hay respuestas correctas e incorrectas a las preguntas de la vida. Sus acciones y comportamientos harán felices a algunas personas y serán infelices a otras. El elemento crucial para la integridad personal es preguntarse si está reflejando su verdadero yo en el mundo exterior o si está fingiendo hacer algo simplemente para complacer a la gente. El comportamiento anterior califica su integridad personal en un nivel alto.

Cuando eliges rechazar tus valores personales y apartarse del camino de la integridad personal, es muy probable que, por un tiempo, las personas a las que trató de complacer estén contentas con su elección. Sin embargo, más temprano que tarde, encontrará que este comportamiento conflictivo afectará su vida de manera negativa, porque no vivir su vida en sus términos es igual a rechazarse a sí mismo, que es el primer paso para bajar la autoestima.

Entonces, trabajar en los seis componentes propuestos por Nathaniel Branden le da la dirección perfecta para construir y desarrollar su autoestima.

Realice las siguientes pruebas sobre los seis componentes para comprender sus niveles actuales.

Autoevaluación

Cuestionario para vivir conscientemente

Las siguientes preguntas se basan en técnicas de programación neurolingüística que le ayudarán a comprender conscientemente su nivel actual de vida. Cada una de las preguntas (de P1 - P6) debe responderse con una de las siguientes opciones:
 A. No siento nada y no soy consciente
 B. A veces siento, pero no sé cómo controlarlos.
 C. Puedo sentir clara y vívidamente

Preguntas

P1. ¿Ves las imágenes en tu mente?
 P2. ¿Escuchas tu voz interior con claridad?

P3. ¿Se conecta profundamente con sus sentimientos y emociones?

P4. ¿Reconoces e identificas a las personas? situaciones y sus propios pensamientos internos que desencadenan sus reacciones?

P5. ¿Conoce sus limitaciones?

P6. ¿Sientes tus conflictos internos?

Para el siguiente grupo de 4 preguntas, escriba sus respuestas en detalle:

P7. ¿Ha identificado sus creencias y valores personales? ¿Qué son?

P8. ¿Qué es lo que más valoras en tu vida y por qué?

P9. ¿Cómo impactan en su vida las personas en su vida, incluidos familiares y seres queridos, amigos, círculo social y compañeros de trabajo?

P10. ¿Cuáles son sus fortalezas y debilidades?

Autoevaluación
Cuestionario para la autoaceptación

P1. ¿Están sus metas de vida basadas en sus necesidades y deseos?

P2. ¿Siempre estás comparando tus capacidades con las de otros?

P3. ¿Siempre estás tratando de calificar tu trabajo y calificarte a ti mismo como bueno, malo, promedio, no lo suficiente?

P4. Si su trabajo es criticado, ¿se siente mal por ello?

P5 ¿Siempre está pensando en sus debilidades y rara vez se da crédito por tus fortalezas?

Autoevaluación

Cuestionario de auto responsabilidad

. . .

P1. ¿Crees que tus comportamientos, reacciones y respuestas son los tuyos?

P2. ¿Acepta la responsabilidad de sus comportamientos y reacciones, incluso si sabe que algo externo a usted los causó?

P3. ¿Acepta la responsabilidad de su salud física y mental?

P4. ¿Aceptas que eres responsable de tu felicidad?

P5. ¿Crees que tus valores y principios deben ser tuyos y no tomar prestados de otras personas que influyen en tu vida?

Autoevaluación

Cuestionario de auto asertividad

P1. ¿Hace un esfuerzo por hacer lo que cree, incluso si eso significa ser impopular entre las personas que te aman y se preocupan por ti?

P2. ¿Vives tu vida de la manera que quieres?

P3. Supongamos que te ves obligado a ir a una fiesta por alguna obligación, ¿crees que cómo pasas el tiempo allí está totalmente bajo tu control?

P4. ¿Pides ayuda cuando la necesita?

Autoevaluación
Cuestionario viviendo con un propósito

P1. ¿Dónde ves tu carrera dentro de cinco años? ¿Ves crecimiento? ¿Qué tipo de crecimiento?

P2. ¿Tiene diferentes metas para diferentes aspectos de su vida? ¿Están todos sujetos a plazos, son mensurables y alcanzables?

P3. ¿Cómo realizar un seguimiento del progreso de sus diferentes metas?

P4. ¿Cuáles son los elementos que dificultan su progreso y cuáles facilitan su avance hacia sus metas?

Autoevaluación

Cuestionario de integridad personal

P1. ¿Con qué frecuencia mientes a la gente, tanto en tu vida personal como profesional? ¿Por qué eliges mentir?

P2. Suponga que se da cuenta de que ha cometido un error en su oficina. Tienes una manera fácil de escapar sin que te atrapen. Sin embargo, alguien más termina asumiendo la culpa. ¿Qué vas a hacer?

P3. ¿Lleva una vida perfectamente alineada con sus valores y principios? Si es perfecto. ¿Qué y dónde están las desviaciones?

3

Hábitos y cómo usarlos para el bien

Los seres humanos somos criaturas de hábitos y no sabemos cómo vivir sin ellos. Reflexiona sobre un día típico en casa y verás que casi el 90% de lo que haces es habitual por naturaleza. Sin darnos cuenta, estamos reemplazando los viejos hábitos por otros nuevos con regularidad. Los hábitos típicamente se dividen en:

1. Hábitos indiscernibles, como atar los cordones de zapatos, bañarse, cepillarse los dientes, etc.
2. Malos hábitos, como comer en exceso, fumar, aplazar el trabajo, adicciones, etc.
3. Buenos hábitos, como el ejercicio diario. comer de forma nutritiva, descansar bien por la noche todos los días, etc.

Todo el mundo quiere desarrollar buenos hábitos y eliminar los malos hábitos de su vida. Una forma de hacer esto es observar cada mal hábito, encontrar su desencadenante y trabajar en él individualmente para romperlo o convertirlo en un buen hábito. Por ejemplo, puede observar el mal hábito de fumar y comprender cómo funciona en su cuerpo y mente, y romperlo lenta y constantemente, o reemplazarlo, tal vez, con goma de mascar. que es menos dañino que fumar. Cada hábito debe manejarse de manera diferente y requiere diferentes técnicas para romper los malos y construir (los buenos).

En un intento por reunir todo tipo de hábitos bajo un mismo paraguas, se realizó un trabajo apoyado por años de investigación y encuestas, en el que analiza el ciclo del hábito en detalle. Puede tomar cualquier hábito suyo y adaptarlo a este ciclo de hábitos. Comprender el ciclo del hábito le iluminará sobre cómo funciona el hábito. Una vez que comprendas este concepto, podrás atacar cualquier mal hábito y convertirlo en uno bueno, o simplemente eliminarlo de tu vida.

El ciclo del hábito, según varios expertos, consiste de:

- Las señales
- La rutina
- La recompensa

Las señales:

También conocidas como disparadores, este elemento pone a su cerebro en modo hábito y lo obliga a realizar la acción del hábito (o la Rutina). Las señales pueden ser de diferentes tipos. Veamos algunos de ellos:

. . .

Señal de tiempo - Esta es la forma más común de señales para poner en marcha la rutina del hábito. Por ejemplo, alrededor del mediodía, automáticamente buscas tu almuerzo. Alrededor de las 3 de la tarde, suele salir a tomar un café. Usemos esta pista para comprender el desencadenante de un mal hábito.

Suponga que va a salir después del almuerzo para encontrarse con sus amigos en la tienda de cigarrillos para fumar. Esto es alrededor de las 12.15 después del almuerzo. A partir de hoy. Sea consciente de sus sentimientos a las 12.15 horas después de su almuerzo. ¿Cuáles son tus sentimientos?

Las ganas de fumar un cigarrillo ¿Las ganas de estar con tus amigos? ¿El aburrimiento o la soledad porque no hay nada que hacer o nadie con quien hablar después de almorzar hasta que termine el recreo?

Estudie esta pista en detalle. Supongamos que es un impulso por un cigarrillo. Comprenda sus emociones capa por capa.

¿Hay algún dolor físico si no fuma? En caso afirmativo, es posible que necesite ayuda profesional para salir de este hábito. Sin embargo, si no hay dolor físico, analice su impulso por el cigarrillo. ¿Se puede reemplazar con chicle?

¿O una taza de café? ¿O algo más dañino? ¿Puede cambiar la hora del almuerzo a la 1 de la tarde en lugar de las 12 del mediodía? ¿Eso marcará la diferencia para romper el hábito?

. . .

Si la señal de tiempo impulsa la necesidad de estar con amigos, ¿puede encontrar otro lugar para reunirse con ellos en lugar de la tienda de cigarrillos? Si está aburrido o solo, ¿puede identificar a alguien en su oficina con quien puede compartir su almuerzo? ¿O puede llevar una novela o un libro que pueda leer durante ese tiempo?

La lección principal es que, al estudiar la señal de tiempo, está tratando conscientemente de comprender cómo y qué lo está conduciendo al mal hábito.

Cuando conoces ese elemento, puedes encontrar formas de romperlo o reemplazarlo con algo que pueda iniciar un buen hábito en lugar de uno malo.

Indicación de ubicación - Muchas veces, estar en un lugar en particular desencadena el mal hábito. En el ejemplo de fumar, la tienda de cigarrillos podría ser el detonante para comprarse un cigarrillo y comenzar a fumar. Entonces, para cambiar eso, cambie la ubicación de la reunión posterior al almuerzo con sus amigos. Pruebe una barra de jugos o una cafetería que no venda cigarrillos. Alternativamente, lleve un paquete pequeño de chicle (asegúrese de que sean los sin azúcar) con usted, y elija uno del paquete en lugar de comprar un cigarrillo.

Indicación de eventos anteriores - ¿Qué sucede cuando suena su teléfono? Responde la llamada y, cuando termina, revisa automáticamente sus notificaciones, ¿verdad? Ese es un ejemplo clásico de una señal del evento anterior. Cuando recibe la llamada, su cerebro está habituado a buscar notificaciones.

Ahora, en un día ajetreado en su oficina, este hábito puede consumir mucho tiempo y reducir considerablemente su productividad y eficiencia. Debe ser consciente de ello y luchar con su cerebro para no escanear las notificaciones después de responder la llamada. Alternativamente. Mantenga las notificaciones desactivadas mientras trabaja. Entonces, no habrá nada que ver.

Puede utilizar la indicación del evento anterior para establecer buenos hábitos. Por ejemplo, su café de la mañana está casi hecho. Ahora, establezca el hábito de meditar durante un par de minutos después de terminar su café. Otro ejemplo sería antes de acostarse, use el tiempo de sueño como una señal para hacer anotaciones en su diario o cree su lista de tareas para el día siguiente.

Indicación de estado emocional - ¿Ha salido a beber cada vez que pasa algo malo en su lugar de trabajo? ¿Coge la botella por la noche cuando su jefe le ha criticado? Su estado emocional es una de las señales más comunes para desencadenar malos hábitos.

Las emociones siempre son más difíciles de superar que el tiempo, el lugar y los eventos anteriores a las señales. Las emociones pueden volverse tan poderosas que tienden a abrumarnos y la capacidad de actuar racionalmente se reduce considerablemente. Uno de los métodos más efectivos para manejar las emociones es participar en alguna forma de actividad que mejore el estado de ánimo, como ir al gimnasio o salir a correr. Utilice un saco de boxeo para transferir su ira y tristeza.

Otra forma de lidiar con las emociones abrumadoras es practicar la atención plena. Al ser consciente de tus emociones, estás permitiendo que tu cuerpo sienta la oleada de ira o tristeza y te ayuda a no reaccionar de una manera lamentable. Aprenda algunos ejercicios de respiración básicos y sencillos que faciliten un estado consciente.

La compañía que mantiene - Por ejemplo, si pasa todos los viernes por la noche con personas que disfrutan de la bebida, también va a estar bebiendo. Evite salir con este grupo de amigos, al menos los viernes por la noche, cuando sepa que una sesión de alcohol seguramente comenzará con ellos.

Del mismo modo, si almuerza con alguien que come en exceso, también se verá impulsado a comer en exceso. Por lo tanto, si está tratando de romper el hábito de comer en exceso, evite a los amigos que tienden a comer más de lo que debería. Quédese con las personas que consumen comidas escasas.

Rodéate de personas que mantengan buenos hábitos si quieres desarrollar buenos hábitos. Y manténgase alejado de las personas que se entregan a los malos hábitos, y su determinación de deshacerse de ellos será más fuerte que antes.

La rutina

La rutina en un ciclo de hábito es la acción real realizada.

Por ejemplo, cuando se toma la pausa del almuerzo con sus amigos para fumar, el acto de fumar en sí es la rutina.

Buscar notificaciones en las redes sociales después de completar su llamada telefónica es un ejemplo de la rutina.

Aquí hay algunas formas en que puede alterar las rutinas para que los malos hábitos se conviertan en buenos hábitos:

- Reemplace el cigarrillo con fruta
- Reemplace el cigarrillo con su libro favorito
- Utilice eventos anteriores para recordarle buenas rutinas de hábitos
- Medita durante el estrés emocional

La recompensa

La recompensa es el premio final o el resultado final del ciclo del hábito. El cerebro decide el valor del hábito en función de la calidad de la recompensa. Por ejemplo, la alegría de beber es la recompensa para los bebedores habituales. Los cerebros de los bebedores están acostumbrados a almacenar, hacer un seguimiento y recordar las señales que desencadenan la bebida porque la alegría de beber es digna del esfuerzo.

Otras recompensas discutidas en este capítulo pueden incluir:

- La emoción de leer inútiles pero emocionantes chismes en las redes sociales
- La alegría de comer en exceso
- La alegría de pasar tiempo con los amigos
- La calma (aunque temporal) del efecto del alcohol

Cambiar los malos hábitos por buenos puede suceder si experimentas con recompensas. Por ejemplo, puede intentar meditar durante un par de minutos cada vez que complete una llamada telefónica. La alegría que elimina el estrés incluso de estas meditaciones de corta duración puede brindarle la misma alegría, pero más productiva, de leer chismes inútiles pero emocionantes en las redes sociales.

Asegúrese de tener fruta a la mano donde quiera que esté para poder comerlas en exceso hasta el contenido de su corazón, haciendo mucho menos daño que comer pizzas y hamburguesas en exceso. La alegría de pasar tiempo con amigos difícilmente puede reemplazarse. Sin embargo, puede obtener la misma alegría si puede cambiar el lugar de su reunión. ¿Qué tal reunirse en el gimnasio local y pasar tiempo de calidad con amigos, incluso mientras quema algunas calorías en el proceso?

. . .

El efecto calmante del alcohol se puede reemplazar fácilmente por recompensas más sostenibles como la paz de la meditación, las técnicas para eliminar el estrés asociadas con la vida consciente o simplemente cargando sus feromonas yendo al gimnasio o saliendo a correr en el parque del vecindario.

Por lo tanto, siga el ciclo de hábitos para todos sus hábitos y realice los cambios adecuados en cualquiera o en todos los tres lugares (señal, rutina o recompensa) y reemplace sus malos hábitos por buenos y mejore la calidad de su vida.

Con una mejor calidad de vida, se obtiene una mejor autoestima impulsada por los resultados de hacer las cosas de la manera correcta.

Autodescubrimiento de los malos hábitos

Aquí hay una lista pequeña (definitivamente no exhaustiva) de malos hábitos en los que los hombres quedan atrapados con frecuencia. Mire cada uno de ellos y vea si ya está agonizando o corre el riesgo de volverse adicto a ese mal hábito.

- Comer y / o beber en exceso
- Procrastinar
- Llegar tarde a una cita o reunión
- Rascarse la nariz o los dientes en público
- Uso excesivo de malas palabras
- Comprobando su dispositivo móvil en medio de la cena

- Comer descuidadamente o con la boca
- Nunca pagar la cuenta cuando sale a comer con sus amigos
- Romper o hacer estallar chicle en público
- Hablar (incluso susurrar) durante una película
- No ayudando en la cocina
- Adicción a las redes sociales, videojuegos o vídeos de internet
- Ver series de televisión o películas de atracones

Evite difundir el contagio de estos y otros malos hábitos y desecharlos de su vida. Cuanto más posponga esta actividad crítica, más difícil se volverá porque el hábito se está arraigando cada vez más en su psique con cada día que pasa.

Guía paso a paso para eliminar los malos hábitos o reemplazarlos por buenos

Paso 1: Identifica un mal hábito que pretendes romper. Comience con el más fácil, ya que el éxito de este lo motivará a esforzarse más la próxima vez. ¿Cuáles son las claves para ello? ¿Quiénes son las personas que te rodean en ese momento? ¿A qué hora normalmente se activa esta señal? ¿Cuáles son tus emociones en ese momento?

Paso 2: ¿Cuál es la recompensa o el deseo que te resulta irresistible? Pruebe otras recompensas que puedan dar como resultado la misma satisfacción sin los efectos secundarios negativos asociados que forman el hábito. Experimentar con recompensas debe ser un proceso continuo. Siga intentándolo hasta que haya dejado el mal hábito.

Paso 3: Ahora, defina la nueva rutina con las nuevas recompensas. Ponga el nuevo ciclo de hábitos en su lugar.

Además, debe colocar recordatorios y notas adhesivas en lugares obvios hasta que su cerebro se acostumbre al nuevo hábito.

Aquí hay un ejemplo de cómo establecer un nuevo hábito: Antes de irme a la cama (la señal del evento anterior), haré la lista de tareas pendientes (rutina) para el día siguiente. El resultado de estar preparado y organizado es la recompensa.

Aquí hay un ejemplo de cómo reemplazar viejos malos hábitos con nuevos buenos hábitos: para mi reunión posterior al almuerzo (señal de hora) con mis amigos (la rutina y la recompensa), cambiaré el lugar de la tienda de cigarrillos al parque cercano (nueva ubicación) para un juego corto de béisbol.

La mejor cura para vencer los malos hábitos, es verlos en otra persona. Nunca subestime el daño debilitante que puede causar un mal hábito no resuelto. Trabaje en ello y elimínelo de su sistema.

4

Introducción a los estilos de comunicación

¿Qué es la asertividad? Es un tipo de rasgo de personalidad que normalmente se refleja a través del comportamiento externo y la comunicación. Un hombre asertivo tiene el poder de defender sus propios derechos y los de los demás. El elemento principal que diferencia la asertividad de otras formas de comportamiento y comunicación, es la articulación de los derechos de uno sin subyugar o herir a otras personas en el proceso.

Incluso en medio de una discusión intensamente conflictiva, un hombre asertivo nunca dirá ni hará nada que ofenda o moleste a la parte contraria. Con un comportamiento tranquilo y sereno, hablará sobre sus propias opiniones y creencias.

La asertividad es el equilibrio perfecto entre agresión y pasividad. Por lo tanto. La asertividad se puede definir como un rasgo de personalidad que permite a un hombre expresar su opinión, creencias, pensamientos y sentimientos de manera honesta y directa.

Es una buena idea comenzar a comprender el concepto de asertividad y cómo construirlo aprendiendo los conceptos básicos sobre los cuatro diferentes estilos de comunicación primaria, que incluyen:

- Pasivo
- Agresivo
- Positivo
- Pasivo-Agresivo

Comunicación pasiva

La comunicación pasiva se refiere a un estilo en el que las personas no expresan abiertamente sus opiniones, sentimientos y pensamientos. Las personas con un estilo de comunicación pasiva no se ponen de pie y luchan por sus derechos. Tampoco pueden defender los derechos de otras personas.

Por lo general, la comunicación pasiva se asocia con una baja autoestima, impulsada por un sentimiento de inutilidad e inutilidad. Los comunicadores pasivos son personas que piensan que merecen los castigos y los malos tratos que reciben.

. . .

Por lo tanto, los comunicadores pasivos no reaccionan a los sentimientos hirientes o enojados que se les hacen. En lugar de expresar sus sentimientos, los comunicadores pasivos acumulan negatividad en su interior. Sin embargo, no es posible aguantar para siempre. Cada uno de nosotros tiene un punto de umbral, y cuando ese punto se rompe, las negatividades reprimidas estallan de formas desagradables e incluso peligrosas.

Características de los comunicadores pasivos:

Tímido: Casi todos los comunicadores pasivos son tímidos por naturaleza y no levantarán la voz para decir algo, incluso si no les gusta. Por ejemplo, si tu jefe te está cargando continuamente con exceso de trabajo mientras deja ir a muchos otros, y no estás diciendo nada sobre la situación, entonces eres un comunicador pasivo. La timidez le impide llamar la atención sobre sí mismo. Simplemente eliges ser agradable.

Altamente sensible: Casi todos los comunicadores pasivos son sensibles a las críticas. Por ejemplo, si su jefe dice algo como: "Debes hacer algo con respecto a tu tardanza", y te tomas en serio esta afirmación y te sientes triste y herido, entonces podrías tener un estilo de comunicación pasivo.

Autoconsciente: Los comunicadores pasivos son conscientes de cómo se ven con las personas. Este profundo sentido de autoconciencia es una de las principales razones por las que los comunicadores pasivos tienen dificultades para expresar sus opiniones y sentimientos.

. . .

Todas estas características resultan en depresión, ansiedad y sentimientos de insuficiencia e inmadurez en los comunicadores pasivos.

Ejemplos de pasivo típico: respuestas y escenarios del comunicador

- No puedo decirle nada a mi jefe o perderé mi trabajo
- Solo soy lo suficientemente inteligente para este nivel de trabajo; no soy digno de un ascenso
- Nadie me ama; estoy solo en este mundo
- No puedo invitar a salir a esa hermosa chica porque soy feo
- Visita un restaurante y el bistec que pidió no es de su agrado. Cuando el camarero te pide comentarios, le dices que todo está bien.

Desafíos que enfrentan los comunicadores pasivos

- La gente nunca se preocupará por sus puntos de vista y opiniones
- Se te pasará por alto para las promociones y bonificaciones
- Se le dará por sentado y se pondrán expectativas irrazonables sobre usted
- La acumulación de estrés y ansiedad indebidos podría conducir a la depresión

Comunicación agresiva

Los comunicadores agresivos son exactamente lo contrario de los comunicadores pasivos. Expresan sus opiniones, sentimientos y pensamientos con tanta fuerza que hieren y violan los derechos de otras personas.

Características de los comunicadores agresivos:

Ellos no escuchan: Los comunicadores agresivos rara vez se esfuerzan por escuchar durante una conversación. Aquí, no solo estamos hablando de la ausencia de escucha activa. También falta la atención básica que se debe prestar a alguien que está hablando.

Por lo tanto, los oyentes agresivos sólo proyectan sus propios puntos de vista, lo que resulta en un monólogo unidireccional en lugar de una conversación saludable. Además, si otros participantes logran expresar sus opiniones, son rechazados de manera despiadada y contundente sin ton ni son.

Los comunicadores agresivos solo persiguen objetivos personales: La ausencia de escucha durante una conversación está impulsada por una agenda personal. Los comunicadores agresivos suelen buscar solo sus propios objetivos. Solo quieren transmitir mensajes que cumplan con sus objetivos personales, y todo lo demás queda relegado agresiva y contundentemente a un segundo plano. Los comunicadores agresivos rara vez hablan para interactuar o compartir información con otros. Solo quieren expresar su opinión y aplastar las voces de todos los demás en el grupo.

Carecen de empatía: La ausencia de la capacidad de escuchar, y el único propósito de perseguir metas personales, se combinan para hacer que los comunicadores agresivos sean totalmente indiferentes.

Todos los pensamientos, sentimientos y emociones de los demás son insignificantes antes que los suyos.

Todas estas características hacen que los comunicadores agresivos parecen violentos. maleducado. desagradable. dominante e insensible.

Ejemplos de respuestas y escenarios típicos de un comunicador agresivo:

- Yo soy superior a ti
- Yo tengo razón y tú estás equivocado
- Me saldré con la mía, pase lo que pase
- Puedo infringir sus derechos
- Me debes
- Todo es tu culpa

Desafíos que enfrentan los comunicadores agresivos:

- Alienado por amigos y familiares

- Todos evitarán hablar o interactuar con ellos
- A pesar de tener grandes dotes de oratoria, nunca pueden ganar una discusión porque nunca serán invitados a una discusión
- Si están en una posición de poder, entonces la gente los odiará y les temerá
- Si no tienen poder, serán ridiculizados, burlados o, peor aún, completamente ignorados

Un afamado entrenador del fútbol portugués, explicaba que el mundo de hoy es tan competitivo, egoísta y agresivo que durante el tiempo que pasamos en este mundo, debemos intentar ser todo menos eso.

Comunicación pasiva - agresiva

Personas con estilos de comunicación pasivo-agresivos son aquellos que parecen pasivos por fuera pero profundamente agresivos por dentro. ¿Puedes pensar en alguien en tu oficina a quien el jefe insulta y humilla? Quizá La persona sonríe y trata de ignorar el insulto, y luego te dice, en secreto, que, de ahora en adelante, le va a hacer la vida un infierno a su jefe. Ese es un ejemplo de comportamiento pasivo-agresivo.

¿Qué pasa con sus tratos con sus hijos? Les está ordenando que limpien sus habitaciones y puede escucharlos murmurar su resentimiento en voz baja.

Cuando les pide que hablen en voz alta, simplemente se dan la vuelta, sonríen (falsamente, la mayor parte del tiempo) y dicen:

"¡Nada!" Este es otro caso clásico de comportamiento pasivo-agresivo. Es una combinación del miedo a antagonizar abiertamente a la autoridad y el profundo impulso de ser agresivo también. Reaccionan de tal manera que no se puede encontrar una falla y, sin embargo, se sabe que esas personas se comportan de manera pasivo-agresiva.

Características de los comunicadores pasivo-agresivos:

A menudo utilizan el tratamiento silencioso: El tratamiento silencioso es una de las reacciones más habituales de los comunicadores pasivo-agresivos. Ignorar completamente a alguien no es realmente pasivo-agresivo, ya que es un comportamiento explícito. Por ejemplo, podría haber un compañero de trabajo que accidentalmente no te vea en el pasillo cuando lo saluda. Cuando le recuerdas, simplemente dice que no vio.

Usan insultos sutiles: Por ejemplo, un colega podría decirle algo agradable delante de los demás, por lo que incluso podría agradecerle. Sin embargo, cuando lo piensas más tarde, te das cuenta de que el cumplido fue un insulto disfrazado.

Comportamiento de mal humor: Enfadado y siendo gruñón es típico del comportamiento pasivo-agresivo adolescente. Te niegas a darle permiso a tu hijo para salir por la noche con sus amigos. Malhumorado, gruñón, no sentarse a la mesa a cenar con el resto de la familia, etc., son casos clásicos de comportamiento pasivo-agresivo.

· · ·

Vengativo: Una persona pasivo-agresiva no olvida el dolor y la agonía de no tener la fuerza para contraatacar, por lo que opta por encontrar formas engañosas de vengarse. Por ejemplo, es posible que un subordinado resentido vaya en secreto a sus espaldas a su jefe para quejarse de usted.

Ejemplos de respuestas y escenarios del comunicador pasivo-agresivo típico

No estoy enojado: Esta es quizás, la respuesta más común de un comunicador pasivo-agresivo. Incluso cuando se le pide directamente que exprese sus sentimientos, esta persona no lo hará y, en cambio, arderá en su interior.

¡Multa! ¡Lo que sea!: Frases clásicas de comportamiento de mal humor.

Ya voy: Verbalmente, estarán atendiendo las órdenes, pero usarán todas las tácticas de demora para posponer la implementación de las órdenes.

Siempre encuentras un defecto en mí: Una respuesta típica de los niños adolescentes cuando se les pide que limpien la habitación o mejoren sus calificaciones.

Desafíos del comportamiento pasivo agresivo

- Estos individuos permanecen estancados en sus emociones negativas. De hecho, estas personas corren un mayor riesgo de deprimirse debido a la acumulación de energía negativa y de ser pasivos.
- Pueden resolver su resentimiento inmediato por medios clandestinos, pero la raíz del problema sigue sin resolverse.
- Las verdaderas personalidades de las personas pasivo-agresivas salen a la luz más temprano que tarde, y se alejan de las personas.

Comunicación asertiva

Un estilo de comunicación asertivo es aquel que le ayuda a equilibrar los estilos pasivo y agresivo. Una persona asertiva expresará sus sentimientos, pensamientos y opiniones con firmeza, pero sin violar los derechos y creencias de otras personas. Por lo tanto, un hombre asertivo es aquel que dirá lo que quiere decir y permitirá que otros también expresen sus opiniones.

Características de los comunicadores asertivos

Comportamiento respetuoso: Las personas asertivas respetan a todos los involucrados en una conversación y valoran todos los comentarios y observaciones.

. . .

Interacción sincera: A diferencia de los comunicadores pasivo-agresivos, cuyo comportamiento externo no se alinea con su personalidad interna. Los comunicadores asertivos dicen lo que sienten. sin ninguna pretensión.

Valorarse y aceptarse a sí mismos: Este enfoque brinda a las personas asertivas una confianza en sí mismas que se basa en la conciencia de sí mismos y no en la arrogancia. Se aceptan a sí mismos por sus fortalezas y debilidades.

Excelente estabilidad emocional y autocontrol: Las personas asertivas saben cómo manejar sus emociones, lo que les ayuda a manejar las discusiones más intensas, con calma y serenidad.

Excelentes habilidades de comunicación: Las personas asertivas trabajan en sus habilidades de comunicación y siempre están trabajando para desarrollarlas y mejorarlas. Entienden la importancia de la comunicación para las relaciones y el éxito. gran interpersonal.

Ejemplos de respuestas y escenarios típicos de un comunicador asertivo

- Confío en mí mismo, pero también sé que podría tener razón en su perspectiva
- Todos tenemos derecho a nuestras perspectivas, opiniones y pensamientos
- Hablo con honestidad y claridad

- Voy directo al grano y evito andar por las ramas
- Valoro mis derechos personales y no dejaré que nadie los viole. También respeto y honro los derechos individuales de los demás

Beneficios de la comunicación asertiva

- Ganará el respeto de tu colegas, jefes y compañeros de trabajo
- Su familia también lo amará y respetará por lo que es
- A medida que se centre en abordar los problemas fundamentales de su vida, madurará y se desarrollará como ser humano
- Será bastante popular y apreciado por la mayoría de la gente debido a tu capacidad para respetar a todos

Generalmente, se considera que las mujeres son menos asertivas que los hombres, aunque esta tendencia está cambiando radicalmente en el mundo moderno. Esta perspectiva en realidad ejerce más presión sobre los hombres porque se espera que ya estén en posesión de esta habilidad.

Independientemente de su nivel de asertividad, lo bueno es que puede mejorarlo y mejorarlo mediante la práctica diligente y el trabajo arduo. El arte de la asertividad le dará una gran ventaja en este mundo bastante competitivo.

5

¿Por qué nos comportamos como lo hacemos?

La idea de comportamientos agresivos y pasivo-agresivos en los tiempos modernos no es muy difícil de explicar y comprender. Hay mucha presión en el mundo moderno para comportarse apropiadamente y no dejar que las emociones nos superen y abrumen. Por lo tanto, incluso cuando somos niños, se nos enseña a reprimir las emociones, especialmente los negativos, de modo que parezcamos "dignos" y "civilizados". Muchos de nosotros estamos entrenados para creer que reprimir las emociones es la forma más efectiva de manejarlas.

Sin embargo, eso no es realmente cierto. Nuestras emociones trabajan en conjunto con nuestra inteligencia para ayudarnos a comprender el mundo y sus acontecimientos. Las emociones orquestan nuestras vidas.

A veces, la música resultante puede ser una melodía triste y deprimente, mientras que, en otras ocasiones, puede ser alegre y refrescante.

. . .

Un viejo proverbio árabe dice que un hombre que no puede entender la mirada, nunca puede comprender la explicación. Las emociones hablan un lenguaje universal y unen a los seres humanos para estar juntos. Es lamentable que un elemento tan hermoso de los seres humanos esté siendo suprimido en lugar de ser utilizado con eficacia.

Además, las emociones no son más que energía que nos ayuda a manejar los altibajos de nuestra vida. Reprimir las emociones equivale a encerrar la energía dentro de nuestro sistema. Cuanto más reprimimos nuestras emociones, más se acumulan en nuestro cuerpo y mente. Esta acumulación de energía se denomina "efecto percolador".

Las cafeteras se utilizan para hacer café. Pones el café en polvo, agregamos un poco de agua y enciendes la máquina. La energía del café se libera y se acumula dentro de la cafetera, lo que permite que el café se prepare perfectamente. Si no dejas salir el vapor de la máquina en el momento adecuado, estallará y arrojará café caliente sobre ti.

Del mismo modo, nuestras emociones se están "gestando" dentro de nuestro cuerpo, y necesitamos encontrar salidas adecuadas para las emociones para que nuestras vidas resulten como un café perfectamente equilibrado, vertido con una cafetera bien mantenida. Las expresiones maduras de las emociones son la forma más saludable de liberarlas de nuestros sistemas. En cambio, si las reprimimos y acumulamos, estallaron cuando se rompa el umbral de las emociones reprimidas, y terminarán arrojando veneno por todas partes. El resultado de las emociones reprimidas puede ser devastador para todos los involucrados.

Las personas agresivas usan formas violentas y desagradables para expresar sus emociones, mientras que las personas pasivo-agresivas usan formas solapadas de lidiar con sus emociones. Ambos métodos no solo son formas ineficaces de liberar energía emocional de nuestro sistema, sino que también tienen efectos dañinos y consecuencias peligrosas, como se discutió en los capítulos anteriores.

Razones del comportamiento agresivo en los hombres

Identificar las causas subyacentes del comportamiento agresivo lo ayudará a administrar su estilo de comunicación mejor que antes.

Hay algunas razones científicamente probadas para el comportamiento agresivo en los hombres:

El cerebro de un hombre no está programado para la empatía Múltiples estudios de investigación han revelado que el cerebro masculino no está realmente programado para la empatía. Está más programado para la resolución de problemas que para tratar de escuchar y relacionarse con las emociones subyacentes. Esta es una de las razones por las que su esposa se queja constantemente de que no escucha sus problemas. En el instante en que comienza a quejarse, su cerebro está programado para encontrar soluciones para ello, y todo lo que ella quiere es que la escuches. Detenerla a mitad de la oración es la forma más primaria y básica de agresión.

Los hombres tienen niveles más altos de testosterona - Los niveles más altos de testosterona están directamente relacionados con el comportamiento agresivo y violento. Si bien los factores genéticos juegan un papel en la cantidad de testosterona en su sistema, las condiciones sociales y físicas que lo rodean también juegan un papel fundamental. Cuando su vida se fortalece a través de fuertes lazos familiares y se rodea de amigos y familiares cariñosos, entonces sus niveles de testosterona disminuyen, lo que reduce su necesidad de agresión.

Los hombres tienen niveles más bajos de oxitocina - Los estudios han revelado que las personas con niveles más altos de oxitocina son más amigables, más confiados, más empáticos, menos agresivos que las personas con niveles más bajos de oxitocina, una sustancia química que se produce naturalmente en nuestro cuerpo. La oxitocina genera un sentimiento de empatía, lo que resulta en un comportamiento amable. Además, se sabe que la testosterona bloquea el funcionamiento de la oxitocina.

Lo bueno para los hombres es que es relativamente sencillo aumentar los niveles de oxitocina. Se sabe que los masajes regulares aumentan los niveles de oxitocina. También puede hacer un esfuerzo consciente por confiar en otras personas en lugar de tener miedo y ponerse a la defensiva.

Problemas infantiles no resueltos, como traumas, abusos y más: la muerte repentina de un ser querido, padres que siempre estaban peleando entre sí; o el hecho de que exista el abuso emocional, físico o sexual durante la niñez son incidentes que afectan la personalidad. Si estos problemas siguen sin resolverse, después sus impactos negativos en la edad adulta resultarán en un comportamiento agresivo.

Baja autoestima - Uno de los factores más importante que contribuye al comportamiento agresivo es la baja autoestima.

Los hombres que se sienten indignos y no amados utilizan comportamientos agresivos para encubrir sus sentimientos internos.

Razones del comportamiento pasivo-agresivo en los hombres

La única diferencia entre el comportamiento agresivo y pasivo-agresivo es la manifestación de agresión. Los hombres agresivos tienden a resistir abiertamente a la autoridad o usan formas discernibles para mostrar su agresión.

Los hombres pasivo-agresivos, por otro lado, eligen formas más sutiles de mostrar su agresión. Aquí hay algunas razones por las que algunos hombres eligen la agresión pasiva sobre la agresión:

Mostrar emociones negativas no es socialmente aceptable La sociedad moderna trata las manifestaciones de ira con desdén. Como ya se mencionó anteriormente, estamos entrenados para reprimir emociones, en lugar de mostrarlas o expresarlas. Expresar emociones con madurez es un signo de asertividad, una cualidad de la que carecen los hombres no asertivos. Por lo tanto, para aparentar cumplir con las normas sociales aceptadas, tienden a actuar de forma pasivo-agresiva.

Es fácil salirse con la suya con comportamientos pasivo-agresivos - Los comportamientos pasivo-agresivos viajan en una delgada línea que separa los dos extremos entre pasividad y agresión. Por lo tanto, el mal comportamiento en hombres pasivo-agresivos es difícil de diferenciar de la agresión abierta, lo que ayuda a que ellos se salgan con la suya.

Por ejemplo, si su jefe le dice que haga algo y usted susurra su resentimiento en voz baja en lugar de ser abiertamente agresivo, entonces eso es mostrar agresión pasiva. Cuando su jefe, que sabe que ha dicho algo, lo desafía a expresar sus pensamientos, puede optar por decir: "¡Nada, jefe!" Una manera fácil de salirse con la suya.

Vengarse es una de las cosas más maravillosas que pueden suceder Las personas pasivo-agresivas suelen buscar venganza por su humillación o sentimientos de ser insultados. De hecho, a las personas agresivas realmente no les importa la venganza porque ya han logrado estrangular las opiniones y puntos de vista de otras personas mientras presentan con fuerza sus propias ideas. Las personas agresivas terminan expresando sus sentimientos, incluso si es de forma errónea o dañina.

. . .

Por otro lado, las personas pasivo-agresivas no pueden expresar sus emociones, lo que resulta abiertamente en venganza. Por ejemplo, tu jefe te pide que hagas una presentación que realmente no quieres hacer. Juras por lo bajo, le pones una sonrisa falsa y, a regañadientes, asumen la tarea.

La forma de vengarse es hacer un trabajo de mala calidad con su presentación. Ha seguido las órdenes de su jefe exteriormente, pero lo sabe. y sabes que un trabajo de mala calidad requiere que lo rehaga todo. Y ni siquiera puede estar enojado porque puedes decir que hiciste lo que creías que pensabas que era correcto. ¡Ejemplo perfecto y clásico de comportamiento pasivo-agresivo!

El comportamiento pasivo-agresivo nos brinda la satisfacción (aunque sea superficial) de expresar su resentimiento o enojo sin la responsabilidad de las consecuencias que vienen con el comportamiento agresivo. En muchos sentidos, los comportamientos pasivo-agresivos son más peligrosos y desagradables que los comportamientos agresivos. En este último, hay al menos un sentido de apertura involucrado, con poca o ninguna astucia.

Niveles de asertividad actuales

Primer cuestionario para identificar su nivel actual de asertividad

. . .

Las preguntas están redactadas para obtener una respuesta de "Sí" o "No". Al final, cuente el número de "sí" y "no". Los "sí" reflejan su asertividad y los "no" reflejan la falta de ella.

P1. Suponga que está haciendo cola en un banco que tiene cuatro personas frente a usted y tres más después de usted. Otro hombre entra, se salta la fila y va directamente al cajero para hacer su trabajo. Ni siquiera mira a las personas que esperan en la fila. ¿Le dirás a este hombre que regrese y tome su lugar que le corresponde al final de la línea? Sí / No

P2. Le compras a tu esposa un hermoso vestido nuevo en un centro comercial, ubicado a cierta distancia de tu casa. La persona que te atiende promete que todo está bien con el vestido y que lo ha revisado. Su esposa, sin embargo, encuentra un pequeño desgarro cerca de la manga. ¿Volverá a la tienda, registrará una queja y obtendrá un cambio? Sí / No

P3. Usted y su colega tienen una gran discusión sobre una presentación conjunta que deben preparar para la visita del CFO dentro de 10 días. El argumento trata de cómo hacerlo más eficaz. Tienes un mirador. y su colega tiene algo completamente diferente.

Ganas la batalla. y el primer borrador de la presentación (que tomó tres días de trabajo) se completa y se lleva a su jefe para su aprobación. Él le echa un vistazo y lo desaprueba de inmediato. Además, explica cómo se debe hacer la presentación, que es exactamente de lo que estaba hablando su colega. ¿Aceptará su error y se disculpará con su colega? Sí / No

P4. Si está enojado con sus hijos o su esposa, ¿expresa su enojo de una manera directa y directa, apoyando su emoción con razones adecuadas? Sí / No

P5. Tu mejor amigo de muchos años te ha estado pidiendo prestadas pequeñas cantidades de dinero últimamente, sin devolverlo la mayor parte del tiempo. Esta vez ha pedido una cantidad de dinero relativamente grande. ¿Lo rechazará, citando razones honestas con respecto a su falta de intención de reembolsar los montos prestados anteriormente? Sí / No

P6. En cualquier conversación grupal, ¿se preocupa de atraer a personas tranquilas y se asegura de escuchar y respetar los puntos de vista y las opiniones de todos? S / N

P7. En las conversaciones grupales, ¿se esfuerza por expresar sus opiniones y puntos de vista con firmeza, pero tiene cuidado de no herir o violar los derechos de otras personas? Sí / No

P8. ¿Te sientes cómodo pidiendo favores abiertamente a tus amigos? Sí / No

P9. Finalmente has conseguido que esta hermosa chica caliente de tu oficina tenga una cita contigo. Ha elegido un restaurante bastante caro y de alta gama para su cena. No dejarás piedra sin remover para mostrarle a tu cita lo sofisticada y suave que eres. Llega tu cena y la carne no está cocida de la forma en que lo pediste. Aunque su cita ha pedido lo mismo, no parece muy molesta por su comida. ¿Llamarás al camarero y expresarás tu decepción? Sí / No

P10. Está planeando personalizar su nuevo automóvil, pero debe tener un presupuesto estricto. El vendedor de la tienda de accesorios le muestra fabulosos complementos para su automóvil que están muy por encima de su presupuesto.

¿Podrás decirle que no al vendedor y ceñirse a los accesorios más básicos dentro de tu presupuesto? Sí / No

P11. Su hijo adolescente está estudiando para sus próximos exámenes SAT la próxima semana.
 Es fin de semana y algunos de tus amigos llegan sin avisar para pasar el día contigo. Son grandes amigos. Pero el ruido de todos ustedes juntos definitivamente va a molestar a su hijo. ¿Les pediría cortésmente a sus amigos para irse ahora y elegir otro día más conveniente para la fiesta de todo el día? Sí / No

P12. ¿Se siente cómodo compartiendo sus puntos de vista y opiniones con sus amigos y familiares? Sí / No

P13. ¿Se siente cómodo compartiendo sus puntos de vista y opiniones con sus colegas de oficina y las personas de su círculo profesional? Sí / No

. . .

P14 Estás en medio de una reunión en la que tu jefe está haciendo una presentación. De repente, dice algo que sabes que es incorrecto. El jefe de tu jefe está muy presente en la reunión. ¿Te pondrás de pie y lo corregirás? Sí / No

P15. Un viejo y respetado ex jefe te visita a cenar, le debes mucho a este hombre porque le enseñó los trucos del oficio cuando se inició en la profesión. Ahora dice algo con lo que no estás de acuerdo. ¿Lo dirás cortésmente y ofrecerás un contrapunto? Sí / No

P16. Vas a la ferretería local a comprar unos clavos. Haces el cambio, sin contarlo, y te vas. En el camino a casa, se da cuenta de que le han estafado. ¿Regresará y solicitará el cambio correcto? Sí / No

P17. Un viejo amigo que le ha ayudado muchas veces antes con préstamos de dinero ahora se acerca a usted con una solicitud irrazonable, incluso inmoral. ¿Le plantarás cara y le dirás que no? Sí / No

P18. Tu hermana favorita, que está pasando por un divorcio terrible, quiere instalarse en tu casa que ya es bastante pequeña para los cuatro de ustedes, incluidos su esposa y dos hijos. ¿Se lo dirás y la ayudarás a encontrar otro alojamiento? Sí / No

P19. Estás jugando un partido de béisbol con unos chicos del barrio. Es un equipo de adultos contra niños. Casi todos los adultos son jugadores profesionales, incluido usted. Los niños no son profesionales. Pero son jóvenes, enérgicos y rápidos de aprender. Parece que están ganando el juego. Te das cuenta de que un amigo cercano se entrega a un trato clandestino que da como resultado que tu equipo gane el juego. ¿Te pondrás de pie y cuestionarás a tu amigo? Sí / No

P20. Vas estable con una chica, y casi parece que ambos podrían casarse. Queriendo ser sincero con ella, eliges contarle algunos secretos bien guardados, incluidos algunos alrededor difundiendo lo que ha escuchado de ti, y todos en el vecindario se ríen mucho de ti y de tus amigos. ¿Alzarás la voz contra esta traición y dejarás a tu novia? Sí / No

P21. Está esperando en una fila en uno de los mostradores de efectivo en una tienda departamental cuando nota que el empleado de facturación está atendiendo a alguien que no estaba en la fila. ¿Irás al gerente de la tienda y te quejarás? Sí / No

P22. Cuando se encuentra en una situación desesperada, ¿se siente cómodo recibiendo ayuda financiera de amigos y familiares? Sí / No

P23. La mayor parte del tiempo, puedes reírte de ti mismo. Sin embargo, hoy hay una colega que se burla de ti mucho más de lo normal, a pesar de que le dices que ha cruzado la línea de la decencia. ¿Te pondrás de pie y expresarás tu resentimiento? Sí / No

. . .

P24. Ha llegado tarde a una importante reunión de oficina que ya ha comenzado. ¿Caminará hasta la primera fila y tomará asiento sin sentirse incómodo?

Recuerde, también tiene la opción de sentarse discretamente en cualquiera de las últimas filas. Sí / No

P25. Está discutiendo un importante proyecto próximo con un miembro de su equipo y su jefe entra y le exige que hable con usted de inmediato. ¿Le diría cortésmente que irá a su oficina después de terminar la discusión del proyecto en curso con los miembros de su equipo? Sí / No

P26. ¿Te sientes cómodo siendo asertivo? Sí / No

Segundo cuestionario para identificar su nivel actual de asertividad

Elija la respuesta adecuada de las opciones dadas a cada una de las siguientes preguntas:

P1. Alguien se mueve agresivamente delante de ti mientras estás parado pacientemente en la fila. ¿A qué te dedicas?
    1. Dele a la persona el beneficio de la duda y dígale gentilmente que hay una línea para ser atendido
    2. Míralo con enojo, pero no digas nada. En su lugar, empújelo "accidentalmente" y tome el lugar que le corresponde
    3. No hagas ni digas nada. En un tono firme, dígale a la persona que vuelva a su lugar correcto en la fila

. . .

P2. Tu amigo vendrá a trabajar en un proyecto de oficina durante el fin de semana. Se supone que debe estar allí a las 9:00 a.m., pero solo llega a las 10:00. ¿Qué vas a hacer?

1. Sea grosero con él y dígale que no le gusta este tipo de comportamiento indisciplinado
2. Calla todo el asunto porque no te gustan los conflictos
3. Pregúntale cortésmente el motivo de su retraso y hazle saber que no lo vuelva a repetir
4. Dejas la casa a las 9:30 para que él no lo encuentre cuando llega

Diario de asertividad para conocer su estado actual

Otra excelente manera de encontrar su nivel actual de asertividad es llevar un diario. Durante aproximadamente quince días a un mes, mantenga un diario en el que escriba las experiencias y encuentros diarios, en los cuales mostró si fue asertivo o no.

- ¿Dijo lo que quería decir?
- ¿Cuál fue tu estilo de comunicación?
- ¿Cuáles eran los sentimientos que sucedían su mente?
- ¿Logró manejar sus emociones sin dejar que lo abrumen?
- ¿Fue el resultado del evento directamente afectado por su capacidad / incapacidad para manejar sus emociones?
- ¿Puede identificar áreas en las que podría haberse

comportado de manera diferente para lograr un mejor resultado? ¿Cuáles son estas áreas y cómo podría haberlo hecho mejor?

Cuando haga estas anotaciones en su diario, recuerda no juzgarse a ti mismo. Después de todo, el evento ha terminado. Solo busca aprender lecciones críticas. Tenga una perspectiva objetiva y tome notas detalladas en su diario a diario.

Utilice las tres herramientas proporcionadas en este capítulo para medir correctamente su nivel actual de asertividad y cualquier área necesaria de mejora. Puede comenzar a trabajar en sus habilidades de autoafirmación a partir de ese momento.

Desarrollar la asertividad basada en sus valores fundamentales

¿Cuál es el significado de valores fundamentales y cuál es su importancia en la vida de uno?

Comenzaremos respondiendo estas preguntas antes de pasar a cómo identificar sus valores fundamentales. ¿Cuáles son los valores fundamentales? Son cualidades o rasgos personales que nos guían en nuestro camino hacia nuestras metas. Los valores fundamentales son ideas que mejoran el valor de nuestras vidas y les dan una estructura sólida.

Cuando no tenemos valores fundamentales, simplemente terminamos dejándonos llevar por nuestras vidas en la dirección en la que nos atraen. La mejor parte es que podemos definir nuestros propios valores fundamentales en función de la composición de nuestra personalidad. nuestra educación, nuestra cultura, nuestras metas futuras y más.

¿Cuál es la importancia de definir los valores fundamentales?

Importancia de los valores fundamentales

Los valores fundamentales nos dan un sentido de propósito

Los valores fundamentales actúan como una brújula interior para nuestras elecciones de vida.

Nos ayudan a tomar decisiones basadas en nuestras propias necesidades en lugar de ir a la deriva por el camino de nuestra vida en función de factores externos como las presiones sociales y situacionales. Sin valores fundamentales, llevamos nuestras vidas para satisfacer las necesidades de los demás en lugar de las nuestras. Los valores fundamentales nos ayudan a llevar nuestras propias vidas en lugar de vivir la de otra persona. Por lo tanto, estos valores nos dan un sentido de dirección y propósito que, a su vez, resulta en felicidad.

Los valores fundamentales facilitan hacer lo correcto

. . .

Los valores fundamentales bien definidos nos ayudan a tomar las decisiones correctas en nuestra vida. Sin valores fundamentales, podríamos terminar tomando decisiones que entren en conflicto directo con nuestras necesidades.

Además, tomar decisiones se vuelve más simple que antes porque solo tenemos que seguir nuestra brújula interna. Cuando nos enfrentamos a un dilema, todo lo que tenemos que hacer es optar por la elección que esté alineada con nuestros valores fundamentales.

Los valores fundamentales nos dan confianza

Cuando tenemos algo de valor para guiar nuestras vidas, nos sentimos llenos de confianza. Los valores fundamentales nos dan el valor y la confianza para llevar nuestras vidas de la manera correcta.

Descubrir y definir valores fundamentales

Hay más de 400 valores fundamentales entre los que puede elegir los que desee para definir el camino de su vida. el camino de la vida. Algunos de ellos incluyen espiritualidad, independencia, humor, crecimiento, felicidad, poder, progreso, autosuficiencia, éxito, perdón y muchos, muchos más.

Sin embargo, en lugar de elegir de una lista arbitraria, es mejor elegir entre aquellos rasgos que ya están profundamente arraigados en nuestros sistemas. Estos rasgos son los que usamos o no usamos sin darnos cuenta para tomar decisiones en nuestras vidas anteriores.

Este ejercicio de descubrir e identificar sus valores fundamentales tomará un poco de tiempo y energía, especialmente si lo está haciendo por primera vez. Pero definitivamente vale la pena el esfuerzo porque el resultado del ejercicio será útil durante toda su vida.

Paso 1: Recuerde las mejores 4-5 experiencias en su vida - Reflexione sobre los diversos eventos que han sucedido en su vida. Obtenga información de su diario si ha mantenido uno. De lo contrario, simplemente siéntese y refresque su memoria y piense en las cuatro o cinco experiencias principales que le han dado una inmensa felicidad y placer. Responda las siguientes preguntas basándose en las experiencias de vida elegidas:

- ¿Qué sucedió? Descríbalo a detalle.
- ¿Cuáles fueron las emociones que sentiste?
- ¿Cuáles fueron sus pensamientos?
- Escriba la lista de valores personales que expresó durante la experiencia. También escriba cómo estos valores afectaron tu experiencia.

Es posible que haya comenzado este ejercicio con dudas. pensando. "¿Cómo voy a recordar lo que pasó hace muchos años?" Sin embargo, usted va a darse cuenta de que muchos de esos momentos felices están profundamente arraigados en su subconsciente. Cuando refrescas un poco tu memoria, puedes revivir casi toda la experiencia, especialmente los recuerdos emocionales. Además, los valores que realzaron la alegría de la experiencia se destacarán en tu memoria.

Paso 2: Recuerde las peores 4-5 experiencias de vida: estos recuerdos suelen ser fáciles de recuperar porque los recuerdos dolorosos están más profundamente arraigados en nuestra mente que los alegres.

Responda el mismo conjunto de preguntas que hizo para sus mejores experiencias. Solo que, esta vez, la última pregunta será reemplazada por: "Escriba la lista de valores personales que estaba reprimiendo durante la experiencia. Y escriba cómo estos valores afectaron su experiencia".

Paso 3: Identifique su código de conducta - Para llegar a esto, debes identificar aquellos elementos que realzan el valor en tus experiencias de vida. Piense en los elementos que vienen inmediatamente después de las necesidades básicas de supervivencia de alimentos, ropa y refugio. Estos elementos deben ser tan importantes para usted que, sin ellos, su vida no tendrá ningún sentido. En ausencia de estos elementos, es posible que no mueras, pero tampoco prosperarás. Algunos ejemplos son:

- Un estado de aprendizaje continuo
- Aventura y emoción
- Seguridad financiera
- Felicidad familiar
- Equilibrio trabajo-vida
- Buena salud
- La belleza de la naturaleza

Paso 4: Agrupe valores similares juntos - Agrupe

valores similares de la lista que ha creado siguiendo los tres pasos anteriores. Por ejemplo, la responsabilidad, la puntualidad y la disciplina se pueden agrupar.

De manera similar, la espiritualidad, las oraciones, Dios y la sabiduría se pueden agrupar.

Paso 5: Identifique el tema central de cada grupo de valores - Por ejemplo, la responsabilidad, la puntualidad y la disciplina se pueden clasificar como "disciplina". y el tema común que atraviesa la espiritualidad, las oraciones, Dios y la sabiduría es la "espiritualidad".

Paso 6: Haga su lista final - Idealmente, el número de valores fundamentales en la lista final debería estar entre cinco y diez, más o menos. Es importante tener en cuenta este número al crear su lista personal de valores fundamentales porque es posible que menos de cinco no cubran todos los elementos para una vida plena y significativa. Más de 10 pueden ser difíciles de administrar y realizar un seguimiento.

Paso 7: Clasifique su lista final de valores fundamentales - Este último paso en el ejercicio algo grande de crear una lista personal de valores fundamentales seguramente llevará un poco más de tiempo del que cree. Clasificar una lista de valores aparentemente igualmente importante puede ser todo un desafío.

. . .

Primero, clasifíquelos según su instinto. Duerma y vuelva a mirar la lista a la mañana siguiente. Si su clasificación parece estar bien. entonces lo más probable es que esté en el camino correcto. Sin embargo, si se siente mal, luego recuerde la clasificación. Repita hasta que esté satisfecho con su lista. La clasificación es necesaria para aquellas ocasiones en las que se encuentra en un dilema que incluye dos o más valores de su propia lista. En esos momentos, el sistema de clasificación le brinda una claridad asombrosa sobre las prioridades involucradas en el dilema.

Valores fundamentales y asertividad

Una vez que tenga sus valores fundamentales en su lugar y esté completamente comprometido con ellos, su capacidad para mejorar su nivel de asertividad aumentará algunas muescas. Si bien la comunicación es una de las formas más evidentes de asertividad, este rasgo incluye mucho más que la comunicación.

La asertividad tiene que ver con los valores fundamentales.

En su forma más sana, la asertividad es una forma de vida que nos da el poder y la libertad de vivir de acuerdo con nuestros valores y principios y no con los de otra persona.

La asertividad se trata de aceptarnos a nosotros mismos como somos. incluyendo nuestras debilidades, sin sentimientos de vergüenza o culpa. Además de comunicarse de manera efectiva, la asertividad incluye:

Cumpliendo nuestras promesas - No cumpliendo nuestra palabra, o la falta de cumplimiento de nuestros compromisos, merma nuestra confianza en nosotros mismos, lo que lleva a niveles reducidos de asertividad impulsados por bajos niveles de certeza. Los valores fundamentales lo ayudan a hacer solo aquellas promesas que son importantes en su vida, esta es una actitud que brinda certeza y, por lo tanto, confianza en sí mismo y asertividad.

No hay necesidad de adivinar nuestras elecciones – Una lista de valores fundamentales bien redactada, basada en una mayor conciencia de sí mismo a través del auto cuestionamiento. asegurará que nunca tengamos que adivinar nuestras elecciones. empoderándonos para ser asertivos en todo momento.

Compromiso con la consecución de nuestros objetivos - Las metas no son más que promesas que te has hecho a ti mismo. Entonces, al igual que cumplir con su palabra cuando promete algo a otros, la asertividad lo ayuda a cumplir las promesas que se hace a sí mismo.

Los valores fundamentales juegan un papel importante a lo largo de la travesía de sus objetivos, desde el momento en que se establecen hasta su realización.

. . .

Defender nuestras creencias - Ser asertivo también significa defender nuestros derechos y creencias si corren peligro de ser violados. Los valores fundamentales nos ayudan a comprender y articular nuestras creencias, lo que nos ayuda a tener un mayor nivel de asertividad.

Por lo tanto, quizás lo sea identificar y cristalizar sus valores fundamentales, el primer paso para aumentar la asertividad.

6

Cambiando sus creencias internas

Nuestro proceso de pensamiento y el condicionamiento de nuestras mentes dependen de nuestras creencias internas. Y la mayoría de nuestras creencias internas ya están profundamente arraigadas en nuestra psique. Un elemento importante en su viaje para aumentar su asertividad es cambiar sus creencias internas y sus procesos de pensamiento. Como un hombre adulto, ya tienes nociones preconcebidas sobre la mayoría de las cosas y las personas que te rodean, y también sobre ti mismo.

Muchas de nuestras creencias se remontan a nuestra niñez, cuando nos enseñaron ciertas cosas. Requiere un cambio de mentalidad para lograr cambios tangibles dentro de usted y del mundo.

Por ejemplo, hasta que un presidente cambió su creencia interna de que un afroamericano nunca podría convertirse en presidente de los Estados Unidos de América y cumplió con sus objetivos y visiones, todos creíamos de manera similar.

Otro ejemplo clásico de creencias internas pre condicionadas es la idea errónea de que se prohíben las expresiones de ira y tristeza. Ahora, como adulto, sabes que existen formas maduras de expresar asertivamente la ira y la tristeza. Por lo tanto, esta vieja creencia interior es incorrecta y debe cambiarla para vivir una vida más significativa que antes.

Del mismo modo, debemos dejar ir y cambiar todas esas viejas creencias internas que no tienen valor hoy. Aquí hay algunas creencias más internas que impulsan el pensamiento inseguro:

- No debo expresar mis emociones negativas porque está mal cargar a otros con mis problemas
- Afirmar mis ideas y opiniones podría lastimar a la otra persona, y mi relación con esa persona se arruinará
- Es vergonzoso hablar de mis creencias y pensamientos
- Si alguien ha dicho "no" a mi solicitud de ayuda, significa que a la persona en cuestión no le agrado o no me ama.
- No tengo que hablar de mis sentimientos internos; las personas que están muy cerca de mí y me entienden deberían poder leerlos por ellos mismos
- Es egoísta decir lo que quiero
- Ni yo ni nadie más tenemos derecho a cambiar de opinión Idealmente, la gente debería mantener sus emociones para ellos mismos

- Si hablo de mi nerviosismo y miedo, la gente pensará que soy débil y se burlarán de mí.
- Si acepto los elogios de los demás, significa que soy arrogante

Derechos asertivos

Los derechos asertivos se publicaron proponiendo una "declaración de derechos asertivos" que todo ser humano debería tener. Algunos de esos derechos incluyen:

- Todos, incluido usted, tienen derecho a juzgar su propio comportamiento, emociones y pensamientos y asumir la responsabilidad de las consecuencias.
- Todos tienen derecho a decir "no." Nadie tiene que ofrecer excusas o razones para justificar su comportamiento".
- Puede juzgar el comportamiento de otras personas solo si es responsable de encontrar soluciones a sus problemas.
- Todo el mundo tiene derecho a cambiar su opinión o su manera de pensar
- Todos tienen derecho a estar en desacuerdo con la opinión de cualquiera
- Todos tienen derecho a cometer errores y aceptar la responsabilidad por los errores.
- Todo el mundo tiene derecho a decir: "Yo no lo sé"
- Todos tienen derecho a ser ilógicos al tomar decisiones.
- Todos tienen derecho a decir: "No entiendo".

- Todos tienen derecho a decirlo: "No me interesa."

Cambiando tus creencias internas

Así que tienes que pasar del pensamiento inseguro al pensamiento asertivo, y eso comienza cambiando tus creencias internas. Pero, ¿cómo hacer para alterar tus creencias internas? El primer paso para eso es evaluar tus creencias internas actuales.

Algunas personas pueden cambiar su forma de pensar y sus creencias internas simplemente conociendo y aceptando el derecho asertivo de que tienen derecho a realizar cambios.

Sin embargo, para algunos otros, esta sencilla técnica podría no funcionar. Necesitan desafiar de frente sus creencias internas existentes, un proceso llamado disputa. La disputa es un método psicológico para realizar cambios y se basa en la idea de que nuestras creencias internas actuales son principalmente opiniones aprendidas y no hechos. Las opiniones pueden cuestionarse y cuestionarse y no es necesario seguirlas ciegamente, especialmente si nos están haciendo daño.

Para disputar sus pensamientos, debe llegar a sus raíces y encontrar pruebas a favor y en contra de esos puntos de vista. Mantener diarios de pensamiento es un método eficaz de medir sus creencias actuales y luego cambiarlas por su propio bien.

. . .

Mantener diarios de pensamientos Los pensamientos que corren por nuestras mentes son aleatorios y erráticos, y hacer un seguimiento de ellos es un gran desafío. Tomar notas de nuestros pensamientos es una de las formas más efectivas de recordar nuestros pensamientos cuando los necesitamos.

Mantener diarios de pensamientos de todos sus pensamientos no asertivos le dará una buena idea de su estado actual de creencias internas.

Para hacer anotaciones de muestra en su diario de pensamientos, tomemos un ejemplo de un escenario típico de amistad. Usted y sus mejores amigos son líderes de equipo que administran dos equipos diferentes dentro del mismo departamento. Ambos equipos se han ayudado a menudo durante la sobrecarga de trabajo.

Ahora, en un día particularmente difícil con múltiples fechas límite para su equipo, le pide ayuda a su mejor amigo. Sin embargo, dice que no. Te sientes mal por todo y de alguna manera pasas el día. Vaya a casa y haga anotaciones en su diario de pensamientos.

La parte I del diario de pensamientos: Implica hacer anotaciones en el diario sobre sus emociones, comportamiento y pensamientos:

Identificar sus emociones: Profundice en su mente y encuentre respuestas a las siguientes preguntas:

. . .

¿Cuáles fueron tus sentimientos? ¿Herir? ¿Enojo? ¿Incredulidad? También califique la intensidad de sus sentimientos usando los números del 1 al 10, donde i significa menos intenso y 10 significa más intenso.

Identificar sus pensamientos

La situación fue bastante intensa. Ya estabas agobiado por el exceso de trabajo y tu mejor amigo se negó a ayudar.

¿Cuáles eran los pensamientos que pasaban por tu cabeza?

¿Cuáles fueron tus pensamientos? También califique la intensidad de sus pensamientos usando los números del 1 al 10, donde 1 significa menos intenso y 10 significa más intenso.

Identificando su comportamiento en una situación intensa

¿Cómo se comportó? ¿Cuáles fueron tus sensaciones físicas? ¿Qué hiciste? ¿Cómo reaccionaste / respondiste?

También califique la intensidad de sus pensamientos usando los números del 1 al 10, donde 1 significa menos intenso y 10 significa más intenso.

. . .

Aquí hay algunas reglas básicas que debe seguir cuando responda las preguntas sobre sus emociones, pensamientos y comportamiento:

- Tome en cuenta solo a los hechos
- No incluya sus opiniones ni sus interpretaciones. Por ejemplo, una entrada como "Mi mejor amigo se negó groseramente a ayudarme hoy", es su interpretación". Cuando pedí ayuda, mi amigo dice que no es un hecho
- Las tasas de intensidad de la emoción, el pensamiento o el comportamiento reflejan la fuerza de su creencia interna: cuanto más alta es la calificación que le dio, más fuerte es la creencia interna que impulsa esa emoción, pensamiento o conducta

Parte II del diario de pensamientos: Esta parte tiene sus respuestas a las siguientes auto-respuestas:

¿Cómo puedo categorizar mi comportamiento? ¿Fui agresivo, pasivo, pasivo-agresivo, o asertivo?

¿Puedo identificar alguna evidencia de mis emociones, pensamientos y comportamientos? Si es así, ¿cuál fue la evidencia?

. . .

¿Estaba ignorando alguno de nuestros derechos asertivos durante el evento? ¿Qué otras perspectivas me faltaban en la situación?

Aquí hay algunos ejemplos de respuestas para las dos partes del diario de pensamientos de la experiencia ilustrativa:

La parte I del diario de pensamientos normalmente tendría las siguientes respuestas:

¿Cuáles fueron tus sentimientos? Me sentí enojado y herido.

Califica la intensidad - Ira - 8, Herido - 8

¿Cuáles fueron tus pensamientos? ¿Cómo pudo mi mejor amigo hacerme esto?
¿Cuántas veces lo he ayudado, incluso cuando sabía que estaba estirando a los miembros de mi equipo? ¿Cómo cumpliré con mis fechas límite del día? Siempre lo ayudo cuando me pide.

Índice de intensidad: ¿cómo pudo mi mejor amigo hacerme esto? - 9 ¿Cómo cumpliré mis plazos del día? - 8 Siempre lo ayudo cuando me pide - 9

¿Cuáles fueron tus sensaciones físicas? ¿Qué hiciste? ¿Cómo reaccionaste / respondiste? - No hablé con mi amigo todo el día después de eso. Cuando me llamó para tomar una copa por la noche después del horario de oficina, le dije que no.

La parte II del diario de pensamientos normalmente tendría las siguientes entradas:

¿Cómo puedo categorizar mi comportamiento? ¿Fui agresivo, pasivo, pasivo-agresivo o asertivo? Fui pasivo-agresivo porque elegí ignorarlo, en lugar de preguntarle abiertamente el motivo de su negativa a ayudar.

¿Puedo identificar alguna evidencia de mis emociones, pensamientos y comportamientos? Si es así, ¿cuál fue la evidencia? No, no hay evidencia de ningún tipo.

¿Estaba ignorando alguno de nuestros derechos asertivos durante el evento? Sí, estaba ignorando mi derecho a decir que no cuando decidí ayudarlo, incluso cuando sabía que no podía. Estaba ignorando los derechos de los miembros de mi equipo cuando los trabajé en exceso para mi mejor amigo. Al estar enojado con mi amigo, estaba ignorando su derecho a decir que no.

¿Qué otras perspectivas me faltaban en la situación? Las perspectivas que podría haber pasado por alto en mi estado de alta emoción incluyen:

- Es posible que el equipo de mi amigo ya haya tenido exceso de trabajo
- Él podría haber tenido una razón significativamente

fuerte y comprensible para haber tenido que negarse a ayudarme.
- Son múltiples las ocasiones en las que también le he dicho que no
- Podría haber pensado que esta experiencia difícilmente puede hacer mella en nuestra amistad

¿Cómo pude haber tenido una respuesta más asertiva a la misma situación?

Podría haberle preguntado el motivo de su respuesta negativa, en ese mismo momento, en lugar de enojarse.

Ahora, si califica la intensidad de sus emociones y pensamientos, notará una caída significativa. Principalmente, estás entrenando tu mente para que no reaccione y responda basándose en las emociones. Está intentando cambiar su creencia interna de que las emociones deben impulsar el comportamiento a la idea de que el pensamiento objetivo debe impulsar el comportamiento.

Haga múltiples entradas como esta en su diario de pensamientos y siga aumentando la conciencia de sí mismo y haciendo cambios en sus creencias internas con cada lección.

7

Herramientas para desarrollar la asertividad

Uno de los elementos más importantes que reflejan su asertividad es su lenguaje corporal. El uso de posturas, gestos, la forma en que te presentas a las personas o incluso un simple apretón de manos pueden cambiar tu estilo de comunicación de pasivo a asertivo. Por ejemplo, si te sientas derecho su silla, con los hombros echados hacia atrás automáticamente con confianza, se cruza con usted como asertividad. Por el contrario, si te sientas con los hombros caídos, pareces pasivo y débil.

La comunicación no verbal, de la cual el lenguaje corporal es un componente crítico, es un elemento esencial de la comunicación. Suponga, por ejemplo, que está dando instrucciones al conductor del taxi mientras está sentado en el asiento delantero. Ahora suponga eso. Por error, señala a la izquierda y dice "Derecha".

. . .

El conductor del taxi girará a la izquierda y no a la derecha porque su gesto con la mano apuntando hacia la izquierda es mucho más impactante que su derecha verbal.

El lenguaje corporal y las señales no verbales son herramientas de comunicación poderosas. Cuando estás en una mesa de negociaciones, puedes distinguir al equipo con ventaja simplemente observando cómo se sientan. La forma en que se sienta o se pone de pie comunica algo a la otra parte y la forma en que la otra parte se sienta o se pone de pie también le comunica algo. El lenguaje corporal es, de hecho, un lenguaje universal que rompe todas las barreras geográficas y culturales.

Curiosamente, en el reino animal, el lenguaje corporal también parece jugar un papel importante. Por ejemplo, expandir el pecho (como se puede ver en gorilas y simios) es una forma de dominación sobre otros animales. Básicamente, los animales "se abren expandiendo sus pechos o extendiendo sus brazos o alas para reflejar el dominio y la agresión".

Este gesto expansivo parece estar presente también en la especie humana.

Si ves a un ganador cruzar la línea de meta en una carrera, o ves a alguien pegar un jonrón, lo verás abrir los brazos para formar una V, con la cabeza erguida y los hombros hacia atrás. Esta expansión es un reflejo del poder que sienten cuando ganan.

. . .

Por otro lado, ¿ha notado perdedores? Se sientan con los brazos envueltos alrededor de sí mismos, los hombros encorvados y la cabeza gacha. Es como si estos perdedores no quisieran tocar a nadie durante su momento de impotencia.

De la misma manera, ¿ha observado su actitud frente a su jefe? Inconscientemente. habrás complementado su postura de poder. Por ejemplo, te habrás parado al lado de tu jefe con las manos dobladas hacia adentro y colocadas en la parte de atrás o al frente mientras tu jefe se paraba con los brazos en las caderas o extendidos. La pose de poder expansivo de su jefe se complementa perfectamente con su postura humilde "vuelta hacia adentro".

Ahora, tome un ejemplo cuando ha llamado a su subordinado a su oficina para reprenderlo por un error costoso. Tu pose habrá sido expansiva y la pose de tu subordinado habrá sido humillada. Esto es cierto la mayoría de las veces cuando dos personas en diferentes niveles jerárquicos se encuentran una al lado de la otra. Ambos, sin saberlo, complementan las poses de poder del otro.

Por lo tanto, asumimos un perfil más pequeño cuando estamos al lado de alguien más poderoso que nosotros, y asumimos un perfil más grande cuando estamos al lado de alguien menos poderoso que nosotros.

Poses de poder para aumentar la asertividad

Los estudios de investigación sobre los niveles hormonales y la asertividad han hecho algunas observaciones interesantes. Las personas asertivas tienden a tener niveles altos de testosterona y niveles bajos de cortisol.

El cortisol es una hormona relacionada con la ansiedad y el estrés. Por lo tanto, cuanto menor es el nivel de cortisol, menor es el nivel de ansiedad y estrés. La testosterona es una hormona directamente relacionada con la confianza.

Cuanto mayor sea el nivel de testosterona, mayor será el nivel de confianza. Y esta relación entre las dos hormonas y el estrés y la confianza se ve tanto en hombres como en mujeres.

Por lo tanto, los niveles bajos de cortisol y los niveles altos de testosterona mejoran la confianza, reducen el estrés y la ansiedad y aumentan la asertividad.
Adicionalmente. se sentirá más en control de sus emociones. Por lo tanto, una cantidad equilibrada de cortisol y asertividad de testosterona.

Lo que pasa con estas dos hormonas, a saber, el cortisol y la testosterona, es que sus niveles pueden cambiar rápida y significativamente, dependiendo de la mentalidad. emocional, físico. y señales ambientales dentro y alrededor de nosotros. El lenguaje corporal es una pista importante que puede ayudar a controlar los niveles de estas dos hormonas en nuestro cuerpo.

Una de las poses más efectivas que ayuda a aumentar los niveles de asertividad es la postura de superhéroe. Es aquella en la que te pones erguido con las manos en las caderas y los hombros rectos y fuertes. Estar de pie en esta postura durante un par de minutos puede ser considerable. ayuda a aumentar tu confianza.

Por ejemplo, si necesita hacer una presentación, está nervioso a pesar de toda su preparación y desea aumentar su sentimiento de confianza. entonces esto es lo que haces.

Antes de entrar a la sala donde la gente espera su presentación, tome la pose de superhéroe y párese durante un par de minutos. Te sentirás más seguro que antes.

No se preocupe por el nombre de la pose. Se sabe que es igualmente eficaz para hombres y mujeres. Así que adelante, utilícelo siempre que lo necesite. De hecho. podría ser una gran idea hacer la postura de superhéroe, forma parte de tu rutina matutina. Después de cepillarse los dientes, refrescarse, vestirse y prepararse para irse a la oficina, tómese un par de minutos para pararse frente al espejo en la pose de superhéroe. Podría ser un maravilloso refuerzo matutino para sus niveles de confianza y asertividad.

Técnicas de visualización para la asertividad: Visualice comportamientos asertivos tan a menudo como pueda. La visualización activa la mente subconsciente para generar ideas para que sea más asertivo que antes. Programa su cerebro para reconocer y recopilar los recursos necesarios para volverse más asertivo. Te motiva a incrementar tu asertividad.

Aumentando la conciencia de sí mismo por medio de la asertividad: Cuanto más se conoce, más asertivo puede ser. Conózcase mejor a sí mismo anotando sus fortalezas y debilidades. A continuación, acéptese tal como es.

Olvídese de las cosas que no puede controlar. Trabaje en cosas que pueda controlar y tome el asiento del conductor en su vida.

Ámate a ti mismo: Si no te amas a ti mismo, nadie más te amará. Amarte a ti mismo es un elemento fundamental para ser más asertivo. Aprenda el arte de disfrutar de su propia compañía. Aprenda a comprender y gestionar sus pensamientos. Cuida tu salud física y mental. No dude en mimarse con regularidad.

Cada uno de nosotros es único y depende de nosotros descubrir qué nos hace únicos. Sienta el poder de esta singularidad y ámese por ello. Tendrás más control de tu vida si te amas a ti mismo, y con un aumentado nivel de asertividad.

Utilice las herramientas y técnicas mencionadas en este capítulo para ser más asertivo en su vida y aprovechar los múltiples efectos de su nivel de asertividad.

8

Comprensión de la confianza

La confianza es la medida de su fe en sus propias fortalezas y la identificación y aceptación de sus debilidades. Un hombre seguro es aquel que conoce el valor real de sus capacidades y las usa con orgullo y acepta humildemente sus inconvenientes sin sentirse abrumado. Se siente seguro con este conocimiento y no permite que su sentido de orgullo respaldado por la confianza se convierta en arrogancia. Un hombre confiado, por tanto:

- Tiene un nivel saludable de autoestima.
- Tiene un poderoso sentido de certeza y seguridad en sí mismo sobre sus propias habilidades.
- Tiene fe y confianza en sí mismo y en otros.
- Está siempre dispuesto a adaptarse a los cambios de situaciones.
- Es siempre optimista y tiene un conjunto de objetivos claramente definidos.
- Es consciente de sí mismo y se siente motivado para trabajar hacia sus metas.

Una de las formas más asertiva para definir la confianza en los hombres es que un hombre seguro no es aquel que siempre está en lo correcto, más bien, es quien no tiene miedo de equivocarse. Otra forma de entender la confianza es relacionarla con la baja autoestima y la arrogancia. La confianza proviene de conocer y apreciar sus fortalezas y su valor real. Por el contrario, la arrogancia viene porque crees que eres más valioso de lo que realmente eres, y la baja autoestima viene porque piensas que eres menos valioso de lo que realmente eres.

La confianza no siempre se trata de ganar. ¿Recuerdas la película de un boxeador muy famoso? ¿El protagonista, gana la pelea final? No. Termina en empate. Sin embargo, la gente realmente no recuerda el resultado. Solo recuerdan la confianza con la que el personaje pasó por las 15 rondas, sin darse por vencido en ningún momento. Eso es confianza; para continuar luchando incluso si cree que puede perder.

Además, existe una sutil diferencia entre tener confianza y estar seguro de sí mismo. Tener confianza se basa en sus fortalezas y capacidades internas, mientras que tener confianza se trata de parecer seguro frente a otras personas. Por lo general, las personas que tienen confianza presentan un perfil seguro al mundo exterior de forma natural.

Sin embargo, hay varios casos en los que algunos hombres parecen seguros a pesar de que no lo sienten por dentro. Este conflicto puede durar un tiempo, pero, después de algún tiempo, tu falta de confianza en ti mismo también se reflejará en el exterior. La verdadera confianza es tranquila y sin pretensiones. Sin embargo, cuando un hombre confiado entra en una habitación, todos pueden sentirlo.

¿Por qué es importante la confianza?

Tener confianza conlleva múltiples beneficios, y algunos de ellos se enumeran a continuación. Sin embargo, debe recordar que este rasgo de personalidad no es 'correcto ni' incorrecto '. No se juzgue a sí mismo y se sienta avergonzado o culpable si no tiene confianza.

Primero, acéptese tal como es y luego aprenda los trucos y consejos para desarrollar este rasgo crítico de la personalidad y aprovechar sus múltiples beneficios. El decimocuarto líder del budismo tibetano dijo que un hombre no puede hacer las paces con el mundo exterior si no ha hecho las paces consigo mismo.

Mira la historia de un comediante estadounidense muy famoso.

Tuvo una infancia difícil cuando su papá que era músico perdió su trabajo y la pobreza asomó su fea cabeza en su familia. Dejó de estudiar a la edad de 15 años y comenzó a trabajar como conserje para ayudar a aumentar los ingresos de su familia.

A pesar de todo, su pasión y confianza en sus habilidades cómicas nunca lo abandonaron en absoluto. Y, sin embargo, su programa de comedia debut fue un gran fracaso. Pero eso no lo detuvo. Este personaje persistió en sus esfuerzos impulsados por la confianza en sí mismo y sus capacidades. Su historia es un ejemplo clásico de cómo aprovechar el poder de la confianza para lograr el éxito, a pesar de los primeros contratiempos.

Aquí hay algunas razones excelentes por las que debe esforzarse por construir y desarrollar sus niveles de confianza:

Tendrás un nivel saludable de tu autoestima: cuando tiene confianza, ha aprendido a aceptar sus fortalezas y debilidades de manera realista. Valora sus capacidades y acepta humildemente sus debilidades, lo que le permite caminar con la cabeza en alto donde quiera que vaya.

Por ejemplo, suponga que trabajó duro en una presentación y la presentó con confianza a sus colegas y personas mayores en su oficina. Las palabras de elogio por su trabajo aumentarán un poco su confianza y su autoestima.

Tus días estarán llenos de mayores niveles de felicidad y alegría: con una mayor confianza y autoestima, seguramente lograrás mucho más éxito que antes. Estos éxitos traen mucha felicidad y alegría a tu vida.

Por ejemplo, si no ha logrado buenos números de ventas durante dos semanas, pero ha persistido en sus esfuerzos de manera consistente y segura, los números de ventas seguramente llegarán más temprano que tarde. Y cuando empiecen a llegar, los cumplidos de su jefe y los incentivos le darán a usted y a su familia mucha felicidad y alegría.

Sus capacidades y fortalezas mejorarán al aumentar la confianza: una mayor confianza da como resultado una mejor autoestima y muchos éxitos que, a su vez, lo motivan a mejorar sus habilidades y mejorar en sus fortalezas y capacidades. Cada nuevo desafío que encuentre le enseñará lecciones innovadoras que, a su vez, lo ayudarán a desarrollar y desarrollar sus habilidades y destrezas.

Además, estos desafíos también pueden servir para superar sus debilidades a medida que desarrolla su aprendizaje.

Por ejemplo, a medida que genere confianza y obtenga más ventas a su crédito, encontrará formas y medios para mejorar mejorando sus habilidades a través de varios cursos en línea o asistiendo a sesiones de capacitación o leyendo libros para mejorar su habilidad para vender. El éxito de los esfuerzos confiados lo impulsa a la superación personal.

Perderás tu naturaleza dudosa: Naturalmente, todos dudamos de nosotros mismos porque no estamos seguros de qué esperar, y aún más inseguros de si podemos hacer lo que deberíamos estar haciendo en una situación particular. A medida que desarrolle confianza y pruebe el éxito de sus esfuerzos, su naturaleza dubitativa se reducirá lentamente y, con esfuerzos persistentes, casi desaparecerá. Una de las principales razones para reducir las dudas es el hecho de que te das cuenta de que la confianza proviene de aceptar los fracasos con ecuanimidad.

La confianza es una de las cualidades más atractivas de los hombres: Las mujeres en particular, y todas las personas en general, encuentran muy atractivos a los hombres seguros de sí mismos. Aquí hay algunas buenas razones para ello:

- Los hombres seguros de sí mismos pueden manejar bien cualquier situación. Incluso en situaciones fallidas, encontrará hombres seguros de sí mismos con su sonrisa más radiante como reflejo de su humilde aceptación de la derrota y felicitando valientemente a los ganadores.
- Los hombres seguros de sí mismos son pensadores positivos. No importa qué tan mala pueda verse una situación, los hombres seguros de sí mismos encontrarán un elemento positivo en ella y tomarán el camino hacia adelante desde allí, y seguirán adelante.
- Los hombres confiados son líderes poderosos que logran una popularidad asombrosa entre sus seguidores.
- Los hombres seguros de sí mismos son felices y se sienten cómodos siendo ellos mismos.
- Los hombres seguros de sí mismos construyen fe y confianza; elementos clave para que las personas se sientan atraídas Con tantos beneficios que se ofrecen, tiene sentido trabajar duro para desarrollar su nivel de confianza.

¿Es la confianza una habilidad que se adquiere genéticamente o se aprende?

Esta es una pregunta muy pertinente para los tiempos modernos porque, hasta hace poco, uno de los principios más populares era que los hombres seguros de sí mismos nacen, no se hacen. El hijo de un hombre confiado tiene confianza, y el hijo de un hombre no tan confiado nace con poca o ninguna confianza. Sin embargo, nada puede estar más lejos de la verdad que este error.

Porque, si esto fuera cierto, entonces el hijo de un expresidente estadounidense debería haber sido tan famoso como su padre. Los hijos de uno de los activistas y el primer mandatario negro que encabezó el Poder Ejecutivo en Sudáfrica deberían haber tenido el mismo nivel de confianza que tenía su padre. Esto no quiere decir que los hijos de estos personajes famosos carecieran de confianza. Sin embargo, no pudieron mostrarlo al mismo nivel que lo hicieron sus padres, ¿verdad?

Los factores biológicos son importantes en la medida en que, si está genéticamente predispuesto a tener más confianza, desarrollar las habilidades necesarias puede ser más fácil para usted que para alguien que no está genéticamente predispuesto de esta manera. Sin embargo, nuestros destinos no los deciden nuestros genes.

Tomando los mismos ejemplos que arriba, ninguno de ellos alcanzó el nivel de confianza que alcanzaron sus hijos.

Por lo tanto, la confianza es una habilidad que se puede

aprender y dominar y no algo que necesariamente se adquiere genéticamente.

Desarrollar la confianza es una cuestión de desarrollar buenos hábitos, crear la mentalidad adecuada y trabajar duro para la superación personal. Aquí hay algunos ejemplos más clásicos de personas que hicieron todas estas cosas y se volvieron súper confiadas en sus vidas:

El fundador y director de una de las empresas de venta online más grandes del mundo: Hoy en día, es uno de los hombres más ricos del mundo. Sin embargo, no empezó así. Simplemente creyó en su visión y capacidades y construyó una industria de comercio electrónico hace más de 20 años en un momento en que muy pocas personas en el mundo creían en el poder de este mercado. Él continúa para innovar sus sueños y visiones a pesar de lograr un éxito asombroso.

El autor estadounidense, escritor de las novelas de terror más famosas: Este célebre autor fue rechazado 60 veces antes de encontrar un editor que creyera en su trabajo. De hecho, él usó ropa prestada para su boda y, sin embargo, nada le impidió confiar en sus capacidades. Se esforzó sin descanso con el apoyo de esa creencia y logró un éxito asombroso.

Confianza y Asertividad

Asertividad y confianza se complementan. Su confianza se manifiesta cuando es asertivo y cuando tiene confianza, sus niveles de asertividad son altos.

Sin embargo, existen diferencias entre los dos rasgos. No necesita una audiencia externa para tener y sentirse seguro. Es un elemento interno de tu personalidad que se refleja en tu comportamiento de forma natural.

Sin embargo, para ser asertivo, necesita una audiencia externa que sea el objetivo de su comportamiento asertivo.

Debe haber algunas personas o personas a las que tengas que mostrar tus habilidades de asertividad. Se basa en la percepción.

Un reflejo de confianza genuino y profundamente arraigado se manifiesta en forma de un comportamiento asertivo poderoso.

Confianza y autoestima

La autoestima y la confianza son rasgos similares y, a menudo, se emplean indistintamente. Los dos rasgos están conectados en el sentido de que son directamente proporcionales entre sí. Y, sin embargo, existen diferencias.

La autoestima es más o menos la misma en todos los aspectos de tu vida. Digamos, por ejemplo, que tiene una alta autoestima en su lugar de trabajo. Entonces, es muy probable que tengas una alta autoestima en tu vida personal. Es inusual que alguien se sienta digno de sí mismo en la oficina e indigno de sí mismo en casa, o viceversa. La autoestima no es más que el sentido de autoestima que posees.

La confianza, por otro lado, puede variar en diferentes aspectos de su vida. Por ejemplo, podría ser un profesional seguro en su lugar de trabajo porque tiene excelentes habilidades profesionales. Sin embargo, en casa, su nivel de confianza como padre podría ser bastante bajo porque no está seguro de sus habilidades como padre.

Además, la confianza es un rasgo más fácil de construir que la autoestima. La confianza se puede vincular fácilmente a elementos tangibles como las habilidades aprendidas, los resultados de tus esfuerzos, el éxito alcanzado, etc. Por el contrario, la autoestima es un rasgo intangible que debes sentir dentro de ti mismo, que es más difícil de entender y construir.

Resumen del capítulo

En este capítulo, aprendió que la confianza es una medida de su autoconciencia, incluidas sus fortalezas y debilidades, sin arrogancia subyacente. También aprendió los múltiples beneficios de generar confianza y cómo no es tanto una habilidad genética ya que es una habilidad aprendida. Cualquiera puede aprender y dominar el arte de la confianza.

También aprendió cómo la confianza está relacionada con la asertividad y la autoestima.

9

Comprensión de su nivel actual de confianza

IDENTIFICAR su nivel actual de confianza es la mejor manera de llevar adelante su viaje de generación de confianza. Por lo tanto, este capítulo está dedicado a un cuestionario de autodescubrimiento y una discusión de autodescubrimiento basada en socios para ayudarlo a hacer precisamente eso.

P1. Cuando mi jefe me da un problema difícil de resolver, estoy seguro de que puedo usar mis capacidades profesionales para encontrar las soluciones adecuadas.
    1. Nunca
    2. A veces
    3. Muy a menudo
    4. Siempre

P2. Usando mis habilidades técnicas y sociales, estoy seguro de que puedo hacer un gran trabajo en mi lugar de trabajo.
    1. Nunca
    2. A veces

3. Muy a menudo
4. Siempre

P3. Siempre he probado mis habilidades teóricas con aplicaciones prácticas.
1. Nunca
2. A veces
3. Muy a menudo
4. Siempre

P4. Puedo liderar con confianza a un equipo para ejecutar un proyecto desafiante.
1. Nunca
2. A veces
3. Muy a menudo
4. Siempre

P5. Cuando los miembros de mi equipo vienen a mí con problemas, y aunque es posible que no tenga una solución inmediata para ellos, estoy seguro de saber dónde buscar las respuestas.
1. Nunca
2. A veces
3. Muy a menudo
4. Siempre

P6. Puedo explicar con seguridad teorías complejas a mis colegas, miembros del equipo e incluso personas mayores.
1. Nunca
2. A veces
3. Muy a menudo
4. Siempre

. . .

P7. Estoy seguro de que obtendré mis ascensos y aumentos salariales en función de mi desempeño.
1. Nunca
2. A veces
3. Muy a menudo
4. Siempre

P8. ¿Consideraría aparecer en un reality show de televisión?
1. Sí
2. No lo sé
3. No

P9. Si le piden que dé un largo discurso sobre su amigo en su boda, ¿aceptará la tarea?
1. Sí
2. No lo sé
3. No

P10. ¿Crees que eres básicamente un individuo positivo?
1. Sí
2. No lo sé
3. No

P11. Si tuvieras la oportunidad de elegir y tuvieras las habilidades necesarias, ¿pilotarías un avión con más de 100 pasajeros viajando en él?
1. Sí
2. No lo sé

3. No

P12. ¿Le gustaría conocer personas famosas y de alto perfil individualmente y hacerles preguntas?
 1. Sí
 2. No estoy interesado
 3. No

P13. ¿Ha tenido desacuerdos con su jefe?
 1. Sí, muchas veces
 2. Un par de veces
 3. No, para nada

P14. ¿Te sientes cómodo frente a tus amigos en bañador?
 1. Sí
 2. Solo con determinadas personas
 3. No

P15. Si un alcaide de tránsito lo atrapara y le imponga una sanción por una infracción, ¿lo contradeciría si creyera que no está equivocado?
 1. Sí
 2. No lo sé
 3. No

P16. ¿Crees en el dicho: "El ataque es la mejor forma de defensa"?
 1. Sí
 2. Solo a veces

3. No

P17. ¿Se siente cómodo conduciendo en un tráfico caótico y malo?
    1. Sí
    2. No lo sé
    3. No

P18. ¿Tiene confianza al cruzar la carretera?
    1. Sí
    2. No en determinadas carreteras
    3. No

P19. Si hubiera una advertencia de tormenta, ¿seguiría tomando el ferry?
    1. Sí
    2. Solo para una emergencia
    3. No

P20. ¿Recuerdas un incidente en tu vida que, en retrospectiva, te hace sentir despiadado?
    1. Sí, muchos
    2. Solo 1-2
    3. No

P21. ¿Le impresionan las personas poderosas?
    1. Sí
    2. No
    3. No a menudo

. . .

P22. ¿Eres alguien que ignora las señales de advertencia?
1. Sí
2. Solo para una emergencia
3. No

P23. Si tuviera que elegir entre dos proyectos, y uno fuera claramente más difícil que el otro, ¿optaría por el difícil?
1. Sí
2. No lo sé
3. No

P24. ¿Cree que su nivel de inteligencia está por encima del de una persona promedio?
1. Sí
2. No lo sé
3. No

P25. ¿Actuarías en una obra de teatro?
1. Sí
2. No lo sé
3. No

P26. ¿Te gustaría entrenar para convertirte en conductor de un rally?
1. Sí
2. No lo sé
3. No

. . .

P27. ¿Participarías en un desafío con tus amigos para caminar por un cementerio en la muerte de la noche?
 1. Sí
 2. No lo sé
 3. No

P28. ¿Está seguro de volar en un pequeño avión de dos motores?
 1. Sí
 2. No lo sé
 3. No

P29. ¿Le gustaría presentarse a las elecciones?
 1. Sí
 2. No lo sé
 3. No

P30. ¿Caminarías sobre la cuerda floja en un juego de atrevimiento?
 1. Sí
 2. No lo sé
 3. No

P31. Si está solo en casa y escucha un sonido en la cocina por la noche, ¿se levantaría para ir a comprobarlo?
 1. Sí
 2. No lo sé
 3. No

. . .

P32. ¿Crees que eres mejor que la mayoría de las personas en tus círculos sociales profesionales y personales?
   1. Sí
   2. No lo sé
   3. No

P33. ¿Las opiniones de otras personas se preocupan o te molestan?
   1. Sí
   2. A veces, si la persona es alguien de quien preocuparse
   3. No

P34. ¿Eres excesivamente sensible a las críticas?
   1. Sí
   2. A veces, si la persona que critica es mi rival
   3. No

P35. ¿Te sientes nervioso frente a tu jefe y aquellas personas cuyas opiniones valoras?
   1. Sí
   2. A veces, si el resultado es dependiendo de sus opiniones
   3. No

P36. ¿Piensas positivamente sobre ti mismo?
   1. Siempre
   2. Muy a menudo
   3. Rara vez
   4. Nunca

P37. Cuando habla con la gente, ¿se siente cómodo manteniendo el contacto visual?

1. Siempre
2. Muy a menudo
3. Rara vez
4. Nunca

P38. ¿Te pones nervioso si tienes que hablar frente a extraños?
1. Sí
2. No lo sé, no he tenido una oportunidad
3. No

P39. ¿Se pone nervioso si tiene que hablar delante de familiares y amigos, como en la boda de un amigo o una función familiar?
1. Sí
2. No sé, nunca me han preguntado
3. No

P40. ¿Estás contento con tu forma de ser como persona?
1. Sí
2. Realmente no, podría haber sido mejor
3. No, en absoluto

P41. ¿Necesitas siempre una validación externa para sentirte bien contigo mismo?
1. Sí
2. No lo sé
3. No

Ejercicio para medir la confianza con un compañero

. . .

Contar con la ayuda de un confidente es otra excelente manera de llegar a sus niveles actuales de confianza. De hecho, usted y su amigo pueden utilizar este ejercicio para el autodescubrimiento: uno ayuda al otro. Ahora, ambos imaginan una situación que requiere un profundo nivel de confianza.

Por ejemplo, puede pensar en dar un discurso improvisado en la boda de su amigo. Ahora, ambos completen este cuestionario basándose en esa situación imaginada. Por el momento, deje en blanco el espacio para el comentario de un amigo.

P1. ¿Cuáles crees que serán tus emociones? ¿Será miedo, confianza o algo más?

Comentarios de amigos:

P2. ¿Cómo cree que gestionará sus sentimientos en ese momento?

Comentarios de amigos:

P3. ¿Cuál será su nivel de preparación? ¿Una demanda tan improvisada te excitará o te conducirá a un estado de pánico?

Comentarios de amigos:

. . .

P4. Suponga que la audiencia está formada solo por familiares y amigos muy cercanos, ¿sus respuestas serían diferentes?

Comentarios de amigos:

Cuando ambos hayan terminado el ejercicio, intercambien sus notas con su amigo. Ahora, lean las notas de los demás y hagan comentarios en el espacio para "comentarios de amigos".

¿Están de acuerdo con los comentarios de sus amigos sobre sí mismos en cada una de las preguntas? ¿Ha omitido algún aspecto de su personalidad que podría ayudarlos en la situación? ¿Son sus puntos de vista muy diferentes de lo que él cree de sí mismo? Deja que tu amigo haga lo mismo por ti.

Este ejercicio le permitirá saber si lo que cree acerca de sí mismo es lo que les llega a otras personas también. Por ejemplo, suponga que su respuesta a la pregunta 1 fue: "Me sentiría asustado y nervioso", y su amigo dijo: "No, es una persona segura de sí misma y manejará esta situación a la perfección".

Esto significa que parece mucho más seguro que usted o, alternativamente, no cree en sus propias capacidades tanto como los demás. Esto significa que no eres realmente consciente de ti mismo y que tu perfil externo no refleja tu verdadero yo interior. En circunstancias tan conflictivas, hágase algunas preguntas más para mejorar la conciencia de sí mismo:

. . .

¿Estoy subestimando o sobreestimando mis habilidades?

¿Por qué me veo a mí mismo de manera diferente a como me ven los demás?

Con los resultados de estas dos respuestas, tendrá una idea razonablemente buena de su nivel actual de confianza y podrá comenzar su viaje de desarrollo desde allí.

10

¿Cómo empezar a tener confianza?

El mejor lugar para comenzar su viaje de generar confianza es tomar la decisión: "Tengo confianza hoy y estaré seguro todos los días a partir de ahora". La decisión de cambiar debe ser lo primero. Los otros pasos seguirán naturalmente. Uno de los escritores de libros de autoayuda más populares del siglo XX dijo: Da el primer paso y tu mente movilizará todas sus fuerzas en tu ayuda. Pero lo primero esencial es que comiences. Una vez que la batalla se asuste, todo lo que está dentro y fuera de ti acudirá en tu ayuda.

En ese sentido, veamos dos elementos importantes para desarrollar su confianza. Son:

- Mentalidad de crecimiento
- Aprender y practicar nuevas habilidades hasta que las domines

Mentalidad de crecimiento

· · ·

Entonces, ha tomado la decisión de comenzar a tener confianza a partir de este momento, y ha dado el primer paso, quizás el más difícil. Sin embargo, el camino del fomento de la confianza está lleno de obstáculos y desafíos, y es fácil renunciar a sus esfuerzos.

Su nivel de confianza seguirá fluctuando dependiendo de múltiples factores, incluidos su estado de ánimo, circunstancias externas, salud y muchas más razones. Es imperativo que desarrolle una mentalidad de crecimiento para superar estos desafíos y continuar sin descanso en su viaje de construcción de confianza.

Entonces, ¿qué es una mentalidad de crecimiento? A una profesora de psicología e investigadora de fama mundial, se le atribuye haber acuñado dos términos asociados con la mentalidad, es decir, mentalidad de crecimiento y mentalidad fija. Un hombre con una mentalidad fija cree que sus capacidades, sus creencias, sus errores, la visión del mundo exterior hacia sí mismo y todo lo demás en su vida son fijos.

Un hombre así cree que los cambios, especialmente el crecimiento, no son posibles.

Si, por ejemplo, uno de los empresarios e informático estadounidense más importante hubiera tenido su mentalidad, entonces se habría rendido después de que su intento comercial inicial de crear informes significativos para ingenieros de carreteras utilizando datos sin procesar fallara.

. . .

Afortunadamente para el mundo, este empresario tenía una mentalidad de crecimiento. Creía que las capacidades, creencias, errores y todo lo demás en el mundo no son inamovibles. Cualquiera que esté comprometido con el trabajo duro y los esfuerzos persistentes y la voluntad de aprender y crecer puede superar los desafíos y tener éxito.

Hoy, su éxito, gracias a su mentalidad de crecimiento, está ahí para que el mundo lo vea e intente emular.

Desencadenantes de mentalidad fija y cómo evitarlos

Entonces, ¿cómo se desarrolla una mentalidad de crecimiento para aprender nuevas habilidades y adquirir confianza? El primer paso es evitar las trampas y los disparadores de una mentalidad fija. Junto con cada uno de los factores desencadenantes mencionados, se ofrecen opciones y pensamientos de mentalidad de crecimiento para su beneficio.

Disparador de pensamiento de mentalidad fija n.º 1: no puedo desarrollar y generar confianza porque ya tengo poca confianza. Un pensador con mentalidad de crecimiento, en cambio, se dirá a sí mismo, "Sí. Tengo poca confianza en este momento. Sin embargo, permítame encontrar formas y medios para llevarlo a escala. ¿De quién puedo tomar la ayuda? ¿Hay libros de autoayuda disponibles?

¿Un modelo a seguir a quien puedo emular para generar confianza? Estoy seguro de que, si hago los esfuerzos adecuados para buscar ayuda, puedo desarrollar fácilmente mi confianza y lograr el éxito ".

Disparador de pensamiento de mentalidad fija n. ° 2: me preocupa cómo me percibirán los demás. Al contrario de estar obsesionado con la forma en que los demás lo perciben, un hombre con 'mentalidad de crecimiento' pensará así: "Soy único y mostraré mi yo auténtico a la gente. No importa cómo me vean mientras viva mi vida en mis términos ".

Cuando haya pensado, nada puede impedirle desarrollar la confianza. Te aceptas y te amas tal como eres. Lo que otros piensen de ti no debería impedirte hacer lo que quieres.

Uno de los filósofos más relevantes de la civilización china dijo: "Si empiezas a preocuparte por lo que otros piensan de ti, siempre serás su prisionero."

La obsesión por ser percibido correctamente no solo evita que logres tus objetivos, sino que también puede volverte loco. Tenga cuidado con este desencadenante importante y evítelo por completo. Siéntete orgulloso de quién eres porque, como dijo uno de los escritores y caricaturista estadounidense, "Sé quién eres y di lo que quieras decir porque a los que les importa no importan y a los que importan no les importa".

Disparador de pensamiento de mentalidad fija n. ° 3: no quiero probar esto porque ¿y si fallo? Los pensamientos de la mentalidad de crecimiento serán algo como esto: "No tengo ningún problema si fallo porque si no lo intenté, ¿cómo sabré si puedo hacerlo?" El éxito es casi imposible si se encuentran fracasos.

Podrían ser múltiples fallas como las que enfrentó un inventor y científico estadounidense (y dijo de sus 10,000 fracasos, "No he fallado 10,000 veces. Solo he encontrado 10,000 formas de no hacerlo") o podría ser un fracaso épico que se destaca como un pulgar dolorido en tu vida.

Los fracasos son los mayores maestros y tener miedo y huir de ellos no solo es inútil, sino que es un gran impedimento para el éxito y la felicidad. La única forma de evitar el fracaso es no hacer nada, decir y no ser nada, ¡y eso definitivamente no es vivir!

A continuación, presentamos algunas razones excelentes para que trate los fracasos y los errores como oportunidades de aprendizaje y crecimiento en lugar de tratar de huir de ellos:

Los errores impulsan nuestro aprendizaje: Sí, cometer errores duele, al menos al principio. Pero después de eso, tu cerebro se acelera y quiere comprender lo que salió mal y encontrar formas y medios para corregirlo. El dolor de los errores facilita un mejor aprendizaje porque absorbemos la información mucho mejor en esta situación que cuando nos sentimos cómodos sin el dolor.

Los errores impulsan la autocompasión: nos sentimos arrepentidos y compasivos con nosotros mismos cuando cometemos errores. Esta actitud también aumenta nuestra compasión por otras personas. Además, múltiples estudios de investigación han demostrado que la aceptación compasiva de nuestros errores impulsa nuestra determinación y entusiasmo por aprender y mejorar nuestras habilidades.

Los errores nos liberan de los miedos limitantes y nos facultan para tomar riesgos calculados. Después de que nuestros errores salen a la luz, perdemos el miedo a ellos. Estamos libres de estas emociones limitantes que nos disuaden de tomar riesgos calculados en territorios nuevos y hasta ahora desconocidos, brindándonos oportunidades para mejorar la confianza porque el éxito está del otro lado del miedo.

Los errores mejoran la motivación: Un gran obstáculo en nuestras vidas puede despertarnos de nuestra ensoñación de comodidad que nos impulsa a trabajar duro y renovar nuestros compromisos con nuestras metas.

Los errores nos mantienen firmes y humildes: Una actitud de arrogancia es uno de los principales adversarios del éxito. Los errores ayudan a mantener a raya esta actitud debilitante al recordarnos nuestras vulnerabilidades. Los errores, por lo tanto, nos mantienen enraizados y humildes, que son elementos clave para el éxito.

Por lo tanto, es importante recordar que las experiencias de la vida solo pueden resultar en aprendizaje, o en ganar y no en fracasar.

. . .

Disparador de pensamiento de mentalidad fija n. ° 4: lo intenté una vez y fracasé. No puedo hacer esto bien. Rendirse fácilmente es uno de los mayores inconvenientes de tener una mentalidad fija. Un hombre empoderado con una mentalidad de crecimiento nunca se rendirá. Persistirá porque cree que está en el camino correcto. Los contratiempos temporales no disuaden a los hombres con una mentalidad de crecimiento. Debes recordar que casi todas las cosas dignas en esta tierra no son fáciles de conseguir. La perseverancia y la paciencia son vitales para obtener elementos valiosos en la vida.

Disparador de pensamiento de mentalidad fija n. °5: Si yo tengo que esforzarme tanto, entonces no tengo el talento para eso. Los hombres de mentalidad fija creen que las personas talentosas no necesitan esforzarse ni trabajar duro para tener éxito. Debería ser algo natural para ellos.

Esto es un mito completo y el talento a menudo está sobrevalorado.

Los hombres con mentalidad de crecimiento, por el contrario, saben que una gran cantidad de talento sin trabajo duro no le dará nada, mientras que la aptitud básica para una habilidad combinada con montones de trabajo duro y compromiso puede resultar en un éxito sobresaliente.

Un cantante, músico, diseñador de moda y DJ inglés, que alcanzó un alto nivel de fama en los años 1980, fue rechazado por "su falta de talento". Eso apenas disuadió al hombre que trabajó duro en sus habilidades musicales y fue capaz de establecer una nueva tendencia en el mundo de la música pop.

Disparador de pensamiento de mentalidad fija n. °6:
No escucharé comentarios negativos porque no los necesito. Una persona con mentalidad fija nunca está lista para aceptar críticas y recibir comentarios con la intención de usarlos para la superación personal. Simplemente lo ignorará, o peor aún, discutirá con la persona que da la retroalimentación.

Por el contrario, un hombre con mentalidad de crecimiento sabe y acepta que la retroalimentación y las críticas son fundamentales para la superación personal, y las tomará con el espíritu adecuado utilizando las útiles para mejorar y descartando las rencorosas e inútiles.

Aprender y practicar nuevas habilidades hasta dominarlas

Una razón crucial de los bajos niveles de confianza es la falta o insuficiencia de habilidades.

Por lo tanto, es importante identificar las habilidades críticas que agregan valor a su vida y le brindan éxito y felicidad. Una vez que haya identificado la lista de habilidades importantes, debe esforzarse por desarrollar y practicar cada una de esas habilidades hasta que se convierta en un maestro en ella. A continuación, se ofrecen algunos consejos que le ayudarán a desarrollar nuevas habilidades y seguir aprendiendo cosas nuevas:

. . .

Tener una actitud curiosa: Siempre estar interesado en saber cómo, por qué, qué, por qué no, etc. Una actitud curiosa es perfecta para incrementar tus conocimientos y habilidades. Un alumno curioso absorbe el conocimiento de forma rápida y eficaz. Mire a los niños y aprenda de su curiosidad ilimitada.

Mejore su versatilidad: cuando es bueno en muchas cosas o puede tener conversaciones significativas con diferentes grupos de personas, su nivel de confianza seguramente aumentará a medida que más personas apreciarán sus conocimientos y habilidades. No dude en aprender nuevas habilidades en todo momento.

Resumen del capítulo

En este capítulo, aprendió la importancia de una mentalidad de crecimiento para generar confianza. También aprendió consejos y trucos sobre cómo tener una mentalidad de crecimiento y cómo practicar una nueva habilidad hasta convertirse en un maestro en ella.

11

Conciencia de sí mismo: conozca sus valores fundamentales

¿Cuáles son los valores fundamentales y por qué son importantes en su vida? Esta es la mejor manera de hacer una lista de sus valores fundamentales en función de los cuales conducirá su vida.

Entonces, ¿cuáles son los valores fundamentales? Valoramos muchas cosas y personas en nuestras vidas. Por ejemplo, podrías valorar tu casa, tu esposa, tus hijos. padres. maestros, su trabajo, sus amigos, etc. Muchas de sus opciones en la vida se basan en las prioridades que le da a las personas y las cosas que valora.

Por ejemplo, suponga que tiene que elegir entre ir a trabajar un fin de semana para completar un proyecto importante con una fecha límite muy pronto y llevar a sus hijos a un picnic que prometió la semana pasada. Su elección dependerá del valor que le haya dado a sus hijos y su trabajo.

· · ·

¿Qué es más importante en tu vida? ¿Qué hace que tu vida valga la pena? Sus elecciones se basan en esas prioridades. Recuerde que no hay respuestas correctas o incorrectas. Son un reflejo de qué valores son importantes para ti y cómo los clasificas en tu vida, eso es todo.

Los valores fundamentales son cualidades o rasgos que guían e impulsan su vida y sus elecciones de vida. Los valores fundamentales no solo lo ayudan a vivir una vida feliz, sino que también le brindan razones válidas para tomar las decisiones correctas para que pueda llevar una vida plena y significativa.

Importancia de los valores fundamentales

Los valores fundamentales le dan un sentido de propósito - La mayoría de nosotros no tenemos un propósito en la vida. Vamos a la deriva hacia dónde nos llevan nuestras vidas, sin saber adónde queremos llegar. Solo cuando sepa lo que es importante en su vida podrá saber lo que quiere de él. Los valores fundamentales le ayudan a comprender sus prioridades en la vida.

Los valores fundamentales le ayudan a tomar las decisiones correctas en momentos difíciles - Los valores fundamentales se convierten en nuestros principios rectores en la vida y nos ayudan a tomar la decisión correcta en situaciones difíciles. Puede alinear fácilmente su comportamiento con sus valores fundamentales. Los valores fundamentales, por lo tanto, son un faro para mostrarle el camino de su vida.

Además, cuando se encuentra atrapado en un dilema y no está seguro de lo que debe hacer, los valores fundamentales arrojarán luz sobre la oscuridad. Le dirán si debe disculparse en una situación particular y retroceder o mantenerse firme y luchar por sus derechos. Por ejemplo, en el ejemplo anterior, cuando tuvo que elegir entre sus hijos y el trabajo de oficina, sus valores fundamentales lo ayudarán a decidir qué es lo primero en esta situación.

Los valores fundamentales lo ayudan a despejar todo tipo de desorden de su vida - Con valores fundamentales establecidos, puede deshacerse de todas las demás cosas que no están alineadas con ellos y limpiar su vida de todo tipo de desorden manteniéndolo simple y minimalista. El mundo moderno consume su vida de muchas maneras, incluidas las redes sociales, los medios de televisión, los medios impresos, Internet y otros que pueden provocar una sensación de claustrofobia. Limpiar el desorden le dará a su vida una apariencia de orden.

Los valores fundamentales le ayudan a elegir la carrera correcta - Ninguna carrera es perfecta. Cada carrera tiene sus pros y sus contras. Con el conjunto correcto de valores fundamentales para guiarlo, puede tomar la decisión de carrera correcta que esté alineada con sus objetivos y misiones de vida.

Por ejemplo, si valora a la familia más que cualquier otra cosa, entonces podría elegir una carrera que le brinde la flexibilidad de trabajar desde casa. Por el contrario, si te encantan los viajes y la aventura, podría elegir un trabajo que implique ambos elementos. Muchas veces, identificar y desarrollar una conexión profunda con sus valores fundamentales puede darle una idea de si una promoción vale la pena o no.

Los valores fundamentales aumentan su nivel de confianza - Los valores fundamentales le dan a su vida una sensación de certeza y estabilidad que, a su vez, ayuda a desarrollar su nivel de confianza. Cuando tienes claras tus necesidades, no importa lo que la gente quiera. Trabajará con confianza para satisfacer sus necesidades.

Características de los valores fundamentales

Hay más de 400 valores fundamentales entre los que puede elegir. Antes de entrar en un ejercicio de autoexploración sobre cómo identificar sus valores fundamentales personales, permítanos comprender las características básicas que definen los valores fundamentales.

Los valores fundamentales deben poder implementarse en todas las condiciones de su vida: Por ejemplo, la honestidad es un valor fundamental que puede implementar sin importar en qué condición se encuentre. Puede ser joven, anciano o en silla de ruedas, postrado en cama o en cualquier otro lugar u otro estado. Aún puedes seguir siendo honesto.

Sin embargo, si elige la aptitud física, esto no es posible en todas las condiciones de su vida. En su estado postrado en cama o en silla de ruedas, mantener la forma física puede ser todo un desafío.

La práctica de sus valores fundamentales no debe depender de ningún factor externo: Si elige la popularidad como uno de sus valores fundamentales, entonces necesita agradarles a otras personas para ser popular. Por lo tanto, este no puede ser un valor fundamental en su vida. Pero el coraje o la disciplina no dependen de ningún otro factor que lo ayude a implementar y seguir en su vida.

Ejercicio de autoevaluación para llegar a sus valores fundamentales

Una forma de crear valores fundamentales que cree que vale la pena es mirar la lista de más de 400 disponibles en Internet y elegir entre ellos. Algunos de ellos incluyen aventura, libertad, ambición, familia, integridad, coraje, respeto, diversión, dinero, salud y muchos, muchos más.

Sin embargo, la mejor manera de hacer su lista de valores fundamentales es examinar su vida y sus experiencias y ver qué le ayudó a crecer y convertirse en una mejor persona, y qué le impidió crecer y mejorar. A partir de estas experiencias, puede seleccionar su lista de valores fundamentales personales.

Antes de comenzar este ejercicio, tome un bolígrafo y un cuaderno, y algunas notas adhesivas para anotar sus pensamientos a medida que se le ocurran. Y tómese al menos una hora para completar este ejercicio satisfactoriamente. Ahora, escriba las respuestas a estas preguntas:

Paso 1: ¿Cuáles fueron las mejores experiencias de tu vida?

Elija entre 3 a 5 experiencias que crea que le hicieron más feliz y le proporcionaron una profunda sensación de satisfacción. Escriba las respuestas a las siguientes preguntas para cada una de esas experiencias:

Describe la experiencia en detalle, incluso cuándo sucedió, cuántos años tenías, qué sucedió, y otros detalles fácticos.

_____

Escribe las emociones más significativas que sentiste en ese momento. Curiosamente, notará que experiencias tan poderosas le devuelven ese torrente de emoción, incluso ahora. Úselo para tomar notas detalladas.

_____

¿Cuáles fueron los valores fundamentales que se estaban desarrollando en esas experiencias? Si la experiencia tuvo lugar hace muchos años, tal vez cuando era niño, es posible que no haya entendido cuáles eran los valores fundamentales en ese momento. Sin embargo, ahora, cuando recuerde esas experiencias pasadas, podrá etiquetar claramente los valores centrales que se destacaron durante el evento.

_____

Paso 2: De la misma forma, recuerda y anota las peores experiencias de tu vida, y responde las siguientes preguntas:
Describe la experiencia en detalle, incluyendo cuándo sucedió, cuántos años tenías, qué sucedió y otros detalles fácticos.

_____

Escriba las emociones más significativas que sintió en ese momento.

_____

¿Cuáles eran los valores fundamentales que se estaban reprimiendo en esas experiencias?

_____

Paso 3: Defina su código de conducta. Para hacer esto, debes reflexionar profundamente y pensar en esos elementos de su vida que surgen inmediatamente después de que se satisfacen sus necesidades básicas de supervivencia. Estos elementos son los que le dan sentido y alegría a tu vida, y en su ausencia, vives la vida como un autómata.

Algunos ejemplos incluyen:

- Aventuras
- Libertad
- Salud y vitalidad
- Aprendizaje y crecimiento
- Creatividad

Paso 4: recopile todos los valores fundamentales que obtuvo de las respuestas a las preguntas anteriores y combinar valores fundamentales similares. Por ejemplo, puede combinar la productividad, la eficiencia, el logro de la ambición, etc. en una carrera. Puede combinar la generosidad, el altruismo, la ayuda, el hacer el bien a los demás, etc. en la orientación al servicio.

Si es una lista larga, entonces debe elegir los primeros 5 a 10 de esta lista. Es posible que mantener menos de 5 elementos en su lista de valores fundamentales no cubra todos los principios importantes de la vida y mantener más de 10 elementos puede crear desafíos para trabajar con ellos en la práctica.

Lo último que debe hacer es priorizar sus valores fundamentales en orden de importancia en su vida. Aunque esta actividad parece simple, podría llevar un tiempo. ¿Cómo clasifica los elementos que parecen igualmente importantes? Revise sus mejores y peores experiencias y vea si puede recordar la intensidad de las emociones en cada uno de esos casos. Cuanto mayor es la intensidad, más profundo se siente acerca de ese valor fundamental en particular. Con los datos de este ejercicio, es posible que pueda clasificar su lista de valores fundamentales en orden de importancia.

Mantenga notas adhesivas de sus valores fundamentales y escríbalas por todas partes para que las lea a diario y empápelos profundamente en su psique.

Resumen del capítulo

En este capítulo, aprendió la definición, la importancia y los rasgos característicos de los valores fundamentales. Complete el ejercicio basado en la experiencia para llegar a sus propios valores fundamentales.

12

Establecimiento de metas: Tu misión y propósito

Sus valores fundamentales están en su lugar y están profundamente arraigados en su psique. Lo siguiente que debe hacer es establecer metas para su vida. Una misión de vida le da un propósito en la vida, y cuando camina por el camino del meta apoyado por sus valores fundamentales, podrá llevar una vida más plena y significativa.

¿Por qué es importante establecer metas?

Si quieres ser feliz, fíjate una meta que controle tus pensamientos, libere tu energía e inspire tus esperanzas. Aquí hay algunas razones asombrosas por las que debe comenzar a establecer metas hoy:

El establecimiento de metas lo ayuda a lograr resultados más rápidos y efectivos: cuando tiene metas claras establecidas, puede concentrarse en cómo lograrlas y no perder su tiempo y energía enfocándose en lo que desea lograr. Con metas claras, puede trabajar lentamente todos los días y hacer cierto progreso hacia su meta todos los días. A medida que logre la meta de cada día, encontrará la motivación para trabajar duro para el objetivo del día siguiente, asegurándose de que está progresando diariamente.

Las metas claras mejoran la actitud positiva: Las metas tienen el poder de impulsarlo a lograrlas y colocarlo firmemente en el asiento del conductor. Las metas son las que hacen que sus sueños sean metas tangibles que se pueden convertir en metas diarias, semanales y mensuales, brindándole la satisfacción de lograr poco a poco. Este logro alimenta la positividad en tu vida.

Las metas previenen la procrastinación: La procrastinación es un hábito debilitante y es uno de los mayores obstáculos para el avance y el crecimiento. Su sentido de enfoque y propósito mejora significativamente con el establecimiento de objetivos, lo que, a su vez, garantiza que no se permita entrar en modo de postergación.

Además, a medida que divide sus objetivos grandes y a largo plazo en objetivos más pequeños alcanzable en un período más corto, le resultará fácil hacer lo que sea necesario para cada pequeño avance sin procrastinar.

Los objetivos mejoran la gestión del tiempo: Saber exactamente lo que quiere y para cuándo lo quiere le asegura que no perderá tiempo en trabajos improductivos. Podrá administrar su tiempo de manera más efectiva que si no tuviera metas claras.

Los objetivos evitan que te distraigas: tus metas autoimpuestas son límites que te mantienen en el camino elegido que avanza hacia tu propósito. Los objetivos profundamente arraigados garantizan que su mente se sintonice rápidamente con las distracciones y le brinden una señal de advertencia si piensa en desviarse de su camino.

Aquí hay un ejemplo simple del poder de establecer metas. Suponga que tiene una reunión con su jefe a las 10 de la mañana. Sabes que tienes una caminata de 15 minutos desde la estación hasta tu oficina. Se asegurará de tomar el tren más temprano ese día y caminar rápidamente desde la estación, asegurándose de estar concentrado en la caminata y no distraerse con nada, incluida la cafetería por la que suele pasar por su segunda taza de café.

Cuando su mente absorbe el poder de un objetivo simple, como reunirse con su jefe, y lo mantiene a salvo de las distracciones, solo puede imaginar cuánto más consciente será cuando tenga grandes metas profundamente imbuidas en su psique.

Los objetivos facilitan las habilidades para tomar una decisión: Cada vez que tiene que tomar una decisión o tomar una decisión, todo lo que necesita hacer es preguntarse: "¿Esto te ayuda a acercarte a mis metas o no?" Puede tomar decisiones sensatas en función de la respuesta que obtenga.

Por ejemplo, si tienes el objetivo de completar la presentación al final del día y tus amigos te llaman para ver un partido en la televisión, pregúntate: "¿Qué te ayudará a alcanzar mi objetivo predeterminado?". Entonces, le resultará fácil decir no a sus amigos porque esa elección claramente lo aleja más de su objetivo diario. Por lo tanto, las metas te ayudan a decir NO de manera firme y asertiva.

Preguntas de autodescubrimiento para establecer metas

Antes de establecer metas basadas en sus valores fundamentales. debe saber qué tipo de objetivos debe establecer.

Y para eso, debes darte el gusto de auto explorar ejercicios para entender lo que quieres de tu vida. Reflexione sobre las siguientes preguntas y anote sus respuestas:

P1. ¿Cuál es su definición de una vida significativa? Si cree que esta pregunta tiene una base muy amplia, divídala en las siguientes preguntas:

- ¿Qué te mueve a trabajar duro?
- ¿Lo que te motiva?
- ¿Cuáles son tus deseos?
- ¿Cuáles son las cosas que te preocupan profundamente?

P2. ¿Cuál fue su posición en su vida antes de ahora? ¿Cuáles son tus experiencias pasadas? Escriba tanto las buenas como las malas experiencias. Usando los recuerdos, puede hacerse una idea de dónde estaba antes de hoy.

P3. ¿Dónde te encuentras hoy? Utilice las siguientes preguntas para obtener información sobre este aspecto de su proceso de autodescubrimiento:

- ¿Qué tipo de persona eres?
- ¿Cuáles son tus capacidades?
- ¿Cuáles son tus debilidades?
- ¿Qué es lo que te gusta hacer?
- ¿Qué odias hacer?

P4. ¿Dónde quieres estar en 10 años? Las respuestas a esta pregunta le darán una idea de dónde comenzar su proceso de establecimiento de metas. Para comprender completamente sus objetivos, busque respuestas a las siguientes preguntas:

- ¿Cuáles son las habilidades que quiere construir?
- ¿Cuáles son los objetivos de dinero y riqueza que tengo?
- Desde una perspectiva de carrera, ¿qué posición quieres alcanzar?
- ¿Qué tipo de futuro imagina para sus seres queridos?

P5. Aquí algunas preguntas específicas sobre el establecimiento de objetivos. Disfrute de un poco de autorreflexión y encuentre respuestas. Es posible que también deba investigar un poco.

- ¿Cuáles son los pasos que debe seguir para llegar a eso?

- ¿Cuáles son los recursos que necesito obtener para mí?
- ¿Cuáles son los obstáculos inminentes?
- ¿Cómo puedes superar estos obstáculos?
- ¿Quién puede ayudarte a lograr tus objetivos? ¿Cómo puedes acercarte a ellos?
- ¿Cuáles son los elementos que te retienen?

Una vez que tenga estos objetivos a largo plazo, divídalos en objetivos diarios, semanales y mensuales para realizar un seguimiento de ellos. Utilice la siguiente plantilla para ayudarlo a tomar notas de sus objetivos y si los ha alcanzado.

Hoja de trabajo de metas diarias

Antes de acostarse cada noche, complete esta hoja de trabajo de metas diarias:

Mi objetivo para mañana es:

¿Qué pasos se necesitan para garantizar que estos objetivos se van alcanzar?

Hoja de trabajo de metas semanales

. . .

Por lo general, debe completar esto el domingo por la noche o el lunes por la mañana, según su estilo de vida. Sería aún mejor si pudieras completarlo el sábado por la noche antes de salir a socializar el fin de semana para que no te olvides de ello.

Mis metas para la próxima semana son:

¿Qué pasos se necesitan para garantizar que se alcancen estos objetivos?

De esta manera, puede establecer metas mensuales y metas anuales también. Aquí hay algunos ejemplos clásicos de objetivos para hombres:

- **Metas de salud:** quiero perder 20 libras al final del medio año. Para lograr esto, haré ejercicio todos los días, haré un seguimiento de mi ingesta de alimentos y conseguiré un buen seguro médico.
- **Objetivos creativos:** quiero seguir mi pasatiempo de tocar la guitarra. Para lograr esto, me uniré a las clases de esta semana y destinaré 30 minutos cada día a mi práctica.
- **Metas espirituales:** meditaré 15 minutos todos los días a partir de hoy. Seré voluntario en el orfanato o en el hogar de ancianos cada segundo domingo del mes
- **Metas financieras:** Comenzaré a ahorrar $ 500 cada mes a partir de este mes. Eso asegurará que tenga $ 6000 de mi propio dinero al final del año.

Resumen del capítulo

En este capítulo, aprendió la importancia de establecer metas y cómo hacer coincidir sus metas con sus valores fundamentales. Este capítulo también incluye plantillas de hojas de trabajo que puede utilizar para su proceso de establecimiento de objetivos.

13

Consejos y trucos para generar confianza - Parte I

Este y los siguientes capítulos están dedicados a brindarle consejos y trucos para generar confianza.

Construyendo confianza a través de visualizaciones

La visualización no es más que soñar despierto con un sentido de propósito. Para traer cualquier cosa a tu vida, imagina que ya está ahí. La visualización es una herramienta poderosa para ayudar a cristalizar los sueños.

Un famoso actor estadounidense usó técnicas de visualización para realizar sus sueños de culturismo. Su modelo a seguir fue el famoso culturista inglés de la década de 1950.

. . .

El actor dijo que seguía visualizándose a sí mismo con el cuerpo de su modelo a seguir y estaba motivado a comprometerse de todo corazón para lograr su sueño.

¿Cómo nos ayuda la visualización a realizar nuestros sueños? Múltiples estudios de investigación han demostrado que cuando imaginamos una escena en nuestra cabeza, las partes primarias de nuestro cerebro se comportan como si la escena imaginaria realmente estuviera sucediendo. Se sabe que las imaginaciones afectan directamente a nuestro sistema nervioso central.

Por lo tanto, experimentas un inexplicable sentimiento de pavor incluso cuando simplemente se imagina a sí mismo enfrentando peligros. Del mismo modo, cuando te imaginas sentado en una playa disfrutando del hermoso mar azul, sientes una sensación de paz y tranquilidad. A continuación, presentamos algunos beneficios excelentes de utilizar técnicas de visualización para generar confianza:

- Activa tu mente subconsciente para generar excelentes ideas que te ayuden a alcanzar tus metas.
- Programa su cerebro para identificar y atraer recursos de manera rápida y efectiva que pueden ayudarlo a lograr sus objetivos.
- La práctica repetida de la técnica de visualización ayuda a activar la ley de la atracción atrayendo personas, recursos y otros elementos útiles a su vida.
- Mejora la motivación y la confianza

Por lo tanto. tiene sentido utilizar la visualización para aumentar sus niveles de confianza. Aquí hay un ejemplo que puede usar como plantilla para ejercicios de visualización en su vida:

Ejercicio de visualización: suponga que necesita pedirle un aumento a su jefe. Te sientes nervioso y tus niveles de confianza son bajos y, sin embargo, sabes que te mereces el aumento. Esto es lo que puede hacer para deshacerse del nerviosismo y construir niveles antes de acercarse a su jefe:

Primero, prepare lo que le dirá a su jefe comenzando desde la etapa de saludo. Asegúrese de tener datos sustanciales sobre sus logros y razones sólidas por las que cree que se merece el aumento. Practica bien tu discurso.

- Encuentra un lugar tranquilo donde no seas perturbado. Siéntese cómodamente.
- Cierra los ojos y respira profundamente.
- Visualízate caminando con confianza hacia la oficina de tu jefe y llamando a la puerta.
- Imagínate que te da permiso para ingresar
- Visualízate saludándolo con confianza y dígale que tiene algo importante que discutir.
- Visualiza a tu jefe ofreciéndote un asiento.
- Imagínese dando el discurso preparado con calma y confianza. Ensaya el discurso en su ejercicio de visualización.
- Visualiza a tu jefe dándote una sonrisa y diciéndote que está de acuerdo con tus puntos de vista.

Sigue imaginando está feliz secuencia. Visualizar no garantiza exactamente el mismo resultado en la realidad. Sin embargo, la visualización repetida ayuda a eliminar el nerviosismo que a su vez. genera confianza. Es como ensayar para una obra de teatro. Cuanto más hábil te vuelvas, más seguro te vuelves.

Fomento de la confianza a través de afirmaciones

Las afirmaciones no son solo mantras para hacerte sentir mejor. Tienen el poder de hacer realidad tus sueños. Las afirmaciones te animan a llevar una vida más plena y significativa que antes. Estos son algunos de los excelentes beneficios de usar afirmaciones para generar confianza:

- Las afirmaciones diarias mejoran su capacidad para volverse muy consciente de sus pensamientos y emociones, evitando así que las negatividades se arrastren.
- Tus pensamientos y acciones se sincronizan entre sí. Resultando en mayor eficiencia y productividad.
- Las afirmaciones atraen las cosas que deseas a tu vida y traen muchas bendiciones divinas.
- Las afirmaciones te mantienen consciente y agradecido por los elementos aparentemente pequeños en tu vida que te brindan mucha alegría y felicidad. En la loca carrera del mundo moderno, tendemos a olvidar las pequeñas cosas que realmente importan en nuestras vidas, incluida la alegría de los seres queridos, las comodidades de un hogar hermoso, un cuerpo sano y más.
- Las afirmaciones lo ayudan a mantener una actitud positiva, lo que, a su vez, genera confianza.
- Las afirmaciones lo mantienen enfocado y motivado.

Aquí hay algunas afirmaciones excelentes para desarrollar la confianza que puede probar a diario. De hecho, empieza tu día con una afirmación y terminar el día con otra.

- No tengo miedo.
- Estoy atento, tranquilo y confiado.
- Siempre trato de mejorar. Pero hoy estoy contento con lo que tengo.
- Soy una persona positiva y creo en mis capacidades.
- Soy compasivo con los demás y conmigo mismo.
- Tengo la confianza para superar todos los obstáculos.
- Me encanta conocer gente nueva y tener conversaciones con ellos.
- Soy sabio, fuerte y poderoso. Estoy completo por mí mismo.
- Soy mi mejor amigo y mi mejor fuente de motivación.
- La vida es hermosa y estoy feliz de vivirla al máximo.
- Los desafíos me ayudan a crecer y aprender.
- Soy un hombre positivo y, por lo tanto, atraigo solo a personas positivas hacia mí.
- Soy único y eso es lo que me da una fuerte individualidad.
- Hago la diferencia incluso si simplemente salgo todos los días y doy lo mejor de mí.
- Cada día, me vuelvo mejor que ayer.
- Merezco mis deseos porque tengo la capacidad para lograrlos y trabajo duro por ellos.
- Estoy enfocado en soluciones. Los obstáculos no me disuaden.
- Estoy seguro de tener éxito completando mis responsabilidades y tareas.

- Me amo y busco lo mejor en cada situación.
- Estoy muy feliz de recibir cumplidos porque sé que los merezco.
- Me siento agradecido por mi vida.
- Todo es posible siempre que esté dispuesto a trabajar duro y comprometerme.
- Soy una persona abierta y me encanta mirar las cosas desde nuevas perspectivas.
- Soy inteligente y talentoso.
- Estoy seguro y entusiasmado.
- No tengo miedo de cometer errores.

Siempre que sienta que su confianza se desvanece, consiga un lugar tranquilo y tranquilo, y repita sus afirmaciones favoritas durante un par de minutos. El problema que tuviste no desaparecerá con afirmaciones. Pero su voluntad y resolución para superar el problema se multiplicará.

Retarte a ti mismo continuamente

Desafiarte a ti mismo continuamente es la forma más efectiva de superación personal. Si lo que está haciendo no lo desafía a usted ni a sus capacidades, entonces no está creciendo. Estás estancado, que es el primer paso hacia la caída. Permanecer en su zona de confort es el mayor obstáculo para generar confianza. Cuanto más tiempo permanezca en su zona de confort, más complaciente se volverá. Cuanto más complaciente se vuelva, más difícil será salir de su zona de confort.

Los lotófagos en la mitología griega son un ejemplo clásico de personas que eran tan complacientes en su zona de confort que murieron incluso antes de empezar a vivir. Se olvidaron de todo lo demás excepto de comer el loto. Se estancaron y murieron en esa isla. Algo similar puede sucederle si no sale de su zona de confort y se desafía a sí mismo continuamente.

Desafiarse a sí mismo, realizar nuevos proyectos y tareas, realizar actividades desconocidas, tomar decisiones difíciles, sentirse incómodo física y mentalmente y otras actividades similares son formas excelentes de desarrollar la confianza. Ayude a los demás tanto como pueda. Sin embargo, antes de ayudar a los demás, sírvase usted mismo.

Desarrolle sus habilidades. Conviértete en un maestro en múltiples dominios y te sentirás cada vez más seguro con cada nueva habilidad que adquieras. Cada vez que aprende una nueva habilidad, se desafía a sí mismo y eleva el nivel de superación personal.

Estos son algunos consejos excelentes para retarte a ti mismo:

Haz algo que no te guste: Si odias lavar los platos y tu esposa te regaña constantemente para que lo hagas, cede a sus quejas y lava los platos sin quejarte durante una semana.

Prométete a ti mismo esto, y cada vez que quiera quejarse, recuerde la promesa y evite conscientemente quejarse. En cambio, levántese del sofá y lave los platos. Es posible que su esposa se sorprenda y quiera devolver el favor de la manera que usted desee.

Otro ejemplo es si no le gusta hablar con un colega en particular, haga un esfuerzo durante una semana para iniciar la conversación con él o ella. Si odias bailar, aprende a bailar. Si no le gusta cocinar, haga un esfuerzo por ayudar a su esposa en la cocina.

¿Cuál es tu mayor miedo? Viva con él durante una semana: Por ejemplo, si tiene miedo al cambio, comience a abordar este miedo haciendo cambios en su rutina diaria. En lugar de desayunar después del baño, báñese después de comer simplemente porque es diferente de su rutina normal y lo hará sentir incómodo.

Si tiene miedo de hablar en público, aproveche todas las oportunidades que tenga para hablar frente a otras personas. Si le teme a la vergüenza, intente cantar en voz alta o hacer algo vergonzoso frente a personas en las que confía. Poco a poco, el miedo se desvanecerá. Si le tiene miedo a un pariente en particular, invítelo a casa por una semana.

¿Cuál es tu mayor amor? Manténgase alejado de ella durante una semana: si le encanta la indulgencia diaria de películas de plataformas de streaming, desinstale la aplicación por una semana. semana. Si te encantan las plataformas de redes sociales, desinstala las aplicaciones por un tiempo.

Haz las cosas de manera diferente: si eres de zurdo, coma con la mano derecha y viceversa. Si se cepilla los dientes con la mano derecha, use la mano izquierda durante una semana.

Básicamente, no te permitas sentirte cómodo. Cuanto menos cómodo se sienta, más alerta estará. Podrá adquirir muchas habilidades con esta actitud, lo que resultará en una mayor confianza.

Llevar un diario para el fomento de la confianza

Existen múltiples beneficios de mantener un diario. Algunos de ellos incluyen:

- Llevar un diario le ayuda a tener claridad sobre sus objetivos y sus estados.
- Llevar un diario ayuda en la recuperación diaria mientras escribes y sueltas todas las emociones del día.
- Llevar un diario te ayuda a eliminar inconsistencias en tu vida.
- Llevar un diario mejora el poder de su aprendizaje a medida que toma notas de sus experiencias diarias.
- Llevar un diario le ayuda a realizar un seguimiento de sus objetivos diarios, semanales y mensuales. Esta actividad te da la oportunidad de ajustar y realizar cambios en sus objetivos cuando sea.
- Llevar un diario mejora tu sentido de gratitud

Todos estos beneficios impactan directamente en sus niveles de confianza. Además de hacer anotaciones en el diario de su experiencia diaria, puede escribir pensamientos positivos para contrarrestar la confianza que agota los pensamientos negativos. Aquí hay algunos ejemplos:

Pensamiento negativo: "no puedo hacer esto".

- **Mensaje del diario n. º 1:** Haga una lista de todos sus logros desde sus días escolares hasta la semana pasada.
- **Mensaje del diario n. º 2:** escriba una experiencia que implique una situación similar. Pensó que no podía hacerlo, pero no solo lo completó, sino que también lo hizo bien.
- **Mensaje del diario n. º 3:** ¿Qué es lo más valiente que has hecho en tu vida?

Pensamiento negativo: "Tengo pocos conocimientos".

- **Mensaje del diario n. º 1:** haga una lista de materias en las que tenga excelentes niveles de conocimiento. Incluya la cantidad de horas que ha dedicado a aprender ese tema. ¿Qué tipo de formación ha tenido? ¿Cómo ha utilizado ese conocimiento con éxito?
- **Mensaje del diario n. º 2:** haga una lista de las cosas que hará para aumentar sus niveles de conocimiento actualmente bajos.

Pensamiento negativo: "Creo que soy muy feo o muy gordo, no me gusta cómo me veo".

- **Mensaje del diario n. ° 1:** ¿Qué es lo que te hace feliz en tu cuerpo? Enumere al menos dos cosas.
- **Mensaje del diario n. ° 2:** Haga una lista de las cosas por las que está agradecido en su cuerpo físico. Puede ser algo tan simple como tu flexibilidad, la forma de tus dedos, tu sonrisa o cualquier otra cosa.
- **Mensaje del diario n. ° 3:** ¿Cuáles son los cumplidos que ha recibido por su apariencia?

Pensamiento negativo: "Me faltan buenas cualidades".

- **Mensaje del diario n. ° 1:** enumere las cosas por las que está agradecido.
- **Mensaje del diario n. ° 2:** enumere los primeros dos cumplidos que ha recibido de la gente.
- **Mensaje del diario n. ° 3:** ¿Qué piensa tu mejor amigo de ti?
- **Mensaje del diario n. ° 4:** ¿Qué le gusta de usted mismo?

Pensamiento negativo: "Definitivamente fallaré, por lo tanto, no lo intentaré."

- **Mensaje del diario n.° 1:** enumere las cosas buenas que sucederán si NO falla.
- **Mensaje del diario n.° 2:** tome nota del peor de los casos. Ahora, busque formas de manejar la situación, incluso si esto sucediera.

Resumen del capítulo

En este capítulo, aprendió tres formas diferentes de generar confianza, incluido el uso de técnicas de visualización, afirmaciones, desafiarse a sí mismo y llevar un diario.

14

Consejos y trucos para generar confianza - Parte II

EVITA el perfeccionismo

La perfección es solo una excusa para la autocrítica. Incluso el oro en su forma perfecta nunca se puede convertir en hermosas joyas. Necesita un poco de imperfección en forma de cobre para crear obras de arte impresionantes. Estás motivado por la excelencia, mientras que te sientes desmoralizado si luchas por la perfección. Un novelista ruso dijo que, si buscas la perfección, nunca encontrarás contentamiento y felicidad.

Hacer todo lo posible para hacer bien un trabajo es una actitud saludable. Estar obsesionado con el perfeccionismo es un rasgo peligrosamente malsano.

El perfeccionismo es uno de los principales obstáculos para el fomento de la confianza. Un perfeccionista obsesivo está plagado de estos pensamientos y emociones negativos y debilitantes:

- No me gusta como soy ahora.
- Nunca parezco estar satisfecho con cualquier cosa.
- Veo el mundo entero y todo sucede en blanco y negro. No puedo perdonarme a mí o cualquier otra persona por ser gris, que es el color del mundo real.
- Creo que si logro la perfección estaré en paz.
- Constantemente tengo que superarme para sentir incluso una pequeña cantidad de satisfacción.
- Si no obtengo exactamente lo que tenía en mente, me quejo y lloriqueo.
- Los esfuerzos y las intenciones nunca son suficiente. Debería ver resultados tangibles e impecables.

¿Qué pasa si intentas ser perfeccionista? Aquí hay algunos desafíos que afectarán negativamente su vida diaria, haciéndola miserable e inhabitable:

Siempre está ansioso y cansado: en sus esfuerzos por superar y hacerse mejor cada vez, estará en un estado constante de alerta máxima, lo que provocará un estrés excesivo, fatiga y ansiedad. Además, la energía incremental necesaria para llevar un trabajo bien hecho a un nivel "perfecto" es significativamente mayor que la que utilizó para alcanzar el nivel de excelencia. El beneficio incremental no merece este esfuerzo. Por lo tanto, la perfección innecesariamente. consume energía excesiva.

Relaciones infelices: Impulsadas por el estrés de sus expectativas irracionales, las personas que están en una relación con usted siempre se sentirán ansiosas y preocupadas. Este tipo de preocupación puede arruinar fácilmente una relación más temprano que tarde. Constantemente estás encontrando fallas en tu esposa o pareja, lo que puede volverla loca, y está obligada a caminar fuera.

Del mismo modo, sus expectativas irrazonables de tus hijos pueden hacer que te teman o te odien como padre. Las relaciones de todos lados están destinadas a sufrir si estás obsesionado con la perfección.

Siempre te sentirás culpable o avergonzado de ti mismo: los perfeccionistas ven el mundo exterior como un reflejo de su yo interior. Entonces, si eres un perfeccionista y ves un desorden, o desorganización a tu alrededor, transfieres ese desorden a ti mismo.

Esta perspectiva los llena de vergüenza y culpa por no hacer bien su trabajo, que no es la verdadera imagen. Por lo tanto, siempre está plagado de un sentimiento de culpa y vergüenza.

En lugar de intentar ser el Sr. Perfecto, asegúrate de haber dado lo mejor de ti en todo y déjalo así. A continuación, se ofrecen algunos consejos que le ayudarán a superar la obsesión por la perfección:

Sepa que el perfeccionismo es un mito: El perfeccionismo. como todas las cosas en este mundo, es relativo. Lo que es perfecto para ti podría ser lo suficientemente bueno para otra persona y viceversa. Además, en tu propia vida, el concepto de perfeccionismo es diferente en diferentes aspectos. Por ejemplo, en su trabajo, podría esperar la perfección de sus subordinados, mientras que en casa podría optar por ser holgazán con sus hijos. Por lo tanto, acepta que el perfeccionismo está solo en tu cabeza y no es posible en la vida real.

Aprende a aceptar ser lo suficientemente bueno: Aceptar lo suficientemente bueno no es dejar de hacer lo mejor que puedas. Solo significa dejar de obsesionarse con la perfección. Podemos encontrar un nivel suficientemente bueno para todo el trabajo que hacemos.

No pierda tiempo valioso y recursos de energía para intentar seguir la perfección.

Por ejemplo, si su presentación de oficina para las ventas mensuales ha salido con precisión y han cumplido con las expectativas, entonces no sienta la presión innecesaria de ser un matemático experto y trate de obtener los números perfectamente hasta el sexto lugar decimal. Déjalo estar y ve con cifras precisas.

Acepte que los seres humanos son imperfectos y cometerán errores: los seres humanos son imperfectos y nuestro mundo está lleno de defectos. Las cosas están destinadas a salir mal a veces. Acepte los errores como oportunidades de aprendizaje y siga adelante.

. . .

Y finalmente, las personas que importan en su vida nunca lo rechazarán por sus imperfecciones humanas. De hecho, tus seres queridos te amarán más por tus errores porque eso te hace más humano y entrañable. Por supuesto, estos consejos para evitar el perfeccionismo no significan que no intentes hacer lo mejor. Es solo para ayudarte a superar tu obsesión por el perfeccionismo.

Ámate a ti mismo

La relación que comparte con usted mismo establece el tono para cualquier otra relación que tenga o tendrá con los demás. Un escritor y poeta irlandés dijo que amarse a uno mismo es el comienzo de un romance interminable para toda la vida.

Amarte a ti mismo no significa ser narcisista o egocéntrico. Solo significa que te identificas, te respetas y te aceptas tal como eres y por lo que eres. El amor propio es una cualidad que nos da control sobre nuestras propias vidas mientras nos enseña a ser compasivos con todos, comenzando por nosotros mismos. Estos son algunos de los grandes beneficios de amarnos a nosotros mismos:

- Estamos libres de la codicia, la ira y el resentimiento porque nos aceptamos de todo corazón tal como somos y, por lo tanto, no nos encontramos deseando nada.
- Estamos libres de la preocupación por cómo nos perciben los demás porque ya no nos importa.
- Somos libres de tener que mantener una fachada

por el bien del mundo exterior. Nuestro comportamiento se vuelve auténtico.
- Amamos nuestra propia compañía y no nos sentimos solos cuando estamos solos.
- Estamos libres de miedo porque sabemos que siempre estamos ahí para nosotros.
- Tomamos el control de nuestras vidas mientras nos damos cuenta de que solo nosotros somos responsables de traer alegría y felicidad para nosotros mismos.

¿Cómo podemos amarnos a nosotros mismos? Aquí hay algunos consejos para ti:

Haga una lista de todas las cosas buenas de su vida: La lista de cosas buenas de tu vida te ayuda a percibir tu vida de manera positiva. Te concentras en los elementos que te hacen feliz. Esta actitud te hace darte cuenta de la abundancia de alegría en tu vida. Cuando te das cuenta de esta abundancia, aprendes más a ti mismo y a tu vida.

Rodéate de personas que te amen: Si bien el amor propio es muy importante, a veces necesitamos que las personas reiteren su amor por nosotros para sentirnos bien y felices. Crea un círculo social amoroso a tu alrededor lleno de personas que se preocupan por ti y que les agradas y que no dudarán en decirlo cuando estés deprimido.

Mantener un estilo de vida limpio e higiénico: Elimine el desorden físico, mental y emocional de su vida. Mantenga un estilo de vida limpio, libre de negatividad y ordenado. Esta actitud le dará una sensación de libertad, felicidad y ligereza que está en marcado contraste con la sensación de pesadez que acompaña a un estilo de vida desordenado, lleno de negatividad y desorganizado.

Utilice estas prácticas de amor propio a diario:

- Comienza tu día con afirmaciones de amor propio.
- Respeta y ama tu cuerpo.
- No tome sus pensamientos en serio. Muchos de ellos, especialmente los negativos, vienen solo para asustarte y confundirte.
- Tú eres único. Por lo tanto, nunca te compares con cualquier otra persona.
- Siéntete orgulloso de tus logros.
- Manténgase alejado de todo tipo de toxicidad de su vida. Evita a las personas que te desmoralizan, que piensan que eres un inútil, te maltratan, etc.

Tener una actitud positiva

Un pensador chino dijo que, para poner el mundo en orden, primero debemos poner la nación en orden; para poner orden en la nación, primero hay que poner orden en la familia; para poner orden en la familia, primero debemos cultivar nuestra vida personal; primero debemos enderezar nuestros corazones.

Mantenga una actitud positiva si desea generar confianza.

. . .

Cuanto más positivo seas, más elementos positivos entrarán en tu vida. Estos son algunos de los grandes beneficios de tener una actitud positiva:

Los desafíos se convierten en oportunidades: cuando ves todo bajo una luz positiva. entonces los desafíos se convierten en oportunidades para el desarrollo, y no obstáculos para sofocar su crecimiento. Cuando vea oportunidades en lugar de desafíos, encontrará soluciones creativas que le traerán éxito. Un mayor éxito se traduce en una mayor confianza.

Mayor motivación: con una actitud positiva, se siente motivado para dar su mejor resultado en mayores posibilidades de éxito que, a su vez, mejora la confianza y la autoestima.

Reducción de los niveles de estrés: Los pensamientos negativos y las actitudes llenan tu mente de estrés y ansiedad. Una perspectiva positiva reduce el nivel de estrés porque elige concentrarse en las cosas buenas. Por lo tanto, puede utilizar su energía para realizar un trabajo productivo en lugar de utilizarla para controlar el estrés y la ansiedad indebidos.

A continuación, se ofrecen algunos consejos para desarrollar una actitud positiva:

Viva el momento: Preocuparse por el pasado y el futuro conduce a una negatividad innecesaria. Estás perdiendo tu tiempo y energía lamentándote del pasado y pensando en un futuro incierto. Vivir el momento te permite experimentar la vida plenamente y te llena de un sentimiento positivo.

Use palabras positivas para describirse a sí mismo y su vida: Nuestra elección de palabras tiene un impacto poderoso en nuestras vidas. Si usamos palabras negativas para describir nuestra vida, entonces así es como la percibes. Por ejemplo, si dice, Mi trabajo es aburrido, mundano y ocupado. entonces así es tu trabajo. Sin embargo, si dices: Mi trabajo es emocionante, único y diferente, entonces tu trabajo se convierte en eso. La situación no afecta tanto su vida como su respuesta. Por lo tanto, use siempre palabras positivas para traer positividad a tu vida.

Reemplace "tener que" con "puedo": aquí hay algunos ejemplos:

- "Tengo que pagar la renta" debe ser "Puedo pagar la renta."
- "Tengo que ir a trabajar" debe ser "Puedo ir a trabajar."

Un simple cambio de palabra da como resultado una percepción positiva de las cosas.

Rodéate de gente positiva siempre. y sea consciente de cada una de sus acciones, pensamientos y respuestas para que pueda elegir ser positivo en lugar de negativo. Rodéate de gente segura. No tengas celos de su confianza. Simplemente aprende de ellos y bebe sus cualidades en tu vida.

• • •

Resumen del capítulo

En este capítulo, aprendió cómo desarrollar la confianza evitando el perfeccionismo, amándose y respetándose a sí mismo y teniendo una actitud positiva.

Conclusión

Las principales conclusiones de este libro incluyen:

- El desarrollo de la confianza comienza con la simple decisión de levantarse cada mañana y prometerse a sí mismo que hoy tendrá confianza.
- Comprenda su nivel actual de confianza para saber qué debe hacer a continuación para mejorar.
- Cree una mentalidad de crecimiento y aprenda a dominar habilidades en las que no eres bueno.
- Cree sus valores fundamentales basados en sus experiencias de vida. Entender tus valores fundamentales te ayudará a relacionarte abierta y honestamente con tus fortalezas y debilidades.
- Utilice sus valores fundamentales y cree metas para su vida. La ausencia de metas claras y un propósito en la vida lo confundirá constantemente.
- Con metas y propósitos de vida claramente establecidos, está absolutamente seguro del camino de la vida que debe tomar para lograr sus metas.

Esta sensación de certeza aumenta significativamente su nivel de confianza. en una
- Conocer e identificar sus metas le permite vivir su vida en sus propios términos y no preocuparse por lo que piensen los demás.
- Consejos y trucos sobre cómo generar confianza en su vida.

Entonces, adelante, comience a confiar ¡Construyendo un viaje hoy!

La confianza está estrechamente relacionada con la asertividad y la autoestima. Cuando el valor de uno aumenta, el valor de los otros dos también aumenta en tu vida.

www.ingramcontent.com/pod-product-compliance
Lightning Source LLC
LaVergne TN
LVHW021719060526
838200LV00050B/2755